H. Borgwardt

15,-
6.10

FHS
Skript

D1858925

FHS-Skript
SOZIALARBEIT SOZIALPÄDAGOGIK METHODENLEHRE

Herausgeber
Dr. iur. Sigmund Gastiger, Fachhochschullehrer, Freiburg
Simon Hundmeyer, Professor an Fachhochschulen, München
Professor Dieter-Peter Weber, Berlin

Heft 1

Methoden der Sozialarbeit und Sozialpädagogik

Teil 1
Grundlagen der Methodenlehre

von Hansmichael Miller
Diplompsychologe und Sozialarbeiter, München
und Dr. Herbert Oppl
Sozialarbeiter, München

Verlag W. Kohlhammer Stuttgart Berlin Köln Mainz

CIP-Kurztitelaufnahme der Deutschen Bibliothek

Miller, Hansmichael
Methoden der Sozialarbeit und Sozialpädagogik/
Hansmichael Miller; Hubert Oppl.
– Stuttgart, Berlin, Köln, Mainz: Kohlhammer.
NE: Oppl, Hubert:

Teil 1. Grundlagen der Methodenlehre.
– 1. Aufl. – 1977.
(FHS-Skript: Methodenlehre; H. 1)
ISBN 3-17-004156-8

Alle Rechte vorbehalten
© 1977 Verlag W. Kohlhammer GmbH Stuttgart Berlin Köln Mainz
Verlagsort: Stuttgart
Gesamtherstellung: Druckerei W. Kohlhammer GmbH
Grafischer Großbetrieb Stuttgart
Printed in Germany

Inhaltsübersicht

G e l e i t w o r t

Der vorliegende Band einer Einführung in die Methodenlehre der Sozialarbeit und Sozialpädagogik hat den Charakter eines echten Lernmittels, das dem Studenten, aber auch dem interessierten Praktiker die wesentlichen Gedankengänge methodischen Arbeitens in Sozialarbeit, Sozialpädagogik und Erziehung nahebringen kann.

Der Band schafft einen Bezugsrahmen, die Vielfalt der zur Zeit angebotenen Verfahren, Techniken und Therapien auf ihre Brauchbarkeit für die Sozialarbeit hin zu untersuchen und unter Umständen ganz oder in Elementen in das methodische Handeln des Sozialarbeiters einzufügen.

Nicht zuletzt regt er durch die Form der Darstellung die Neugierde des engagierten Lesers an und fordert über Zustimmung oder Ablehnung zu einer eigenständigen Stellungnahme auf.

Ich wünsche diesem Band, daß er möglichst viele Leser in die Grundlagen methodischen Arbeitens einführen oder sie wieder an diese Grundlagen erinnern möge.

München, im Frühjahr 1977

Hermann Z e i t
Diplompsychologe
Sozialarbeiter (grad.)

Präsident der
Stiftungsfachhochschule
München

V o r w o r t

Die Schriftenreihe "FHS - Skript Sozialarbeit/Sozialpädagogik, Methoden der Sozialarbeit und Sozialpädagogik" ist für alle an der sozialen Praxis Interessierten geschrieben; sie wendet sich insbesondere an Studenten einschlägiger Studiengänge an Fachhochschulen und Universitäten, aber auch an Fachoberschüler und Studierende der Fachakademien und Fachschulen für Sozialpädagogik.

Erfolgreiche Berufsausübung in der Sozialarbeit/Sozialpädagogik hängt davon ab, ob und wieweit der Sozialarbeiter über der Situation angemessene methodische Vorgehensweisen verfügt.

Bei der Entwicklung eines solchen methodischen Vorgehens ist es notwendig, auf bestimmte theoretische Ansätze zurückzugreifen. Ein solcher Rückbezug erfolgt hier nicht mit dem Ziel, einen theoretischen Überbau im Sinne eines Lehrbuchs zu entwickeln, sondern um dem Praktiker Anhaltspunkte für ein "realitätskritisches" methodisches Arbeiten zu geben.

Damit meinen wir insbesondere vier Aspekte:

- Der Bereich beruflicher Sozialarbeit ist begrenzt;
- der Praktiker befindet sich in einem generellen Entscheidungskonflikt zwischen Anpassung und Veränderung;
- für die Sozialarbeit gibt es Bereiche "objektiver" und "subjektiver" Realität;
- die Methoden der Sozialarbeit stehen untereinander in einem funktionalen Zusammenhang.

Die Diskussion um das Verhältnis von Theorie und Praxis in der Sozialarbeit ist noch nicht beendet. Die Verfasser wollen zu dieser Diskussion einen Beitrag leisten. Sie sehen das Verhältnis von Theorie und Praxis in der Weise, daß Praxis - d.h. die Erkenntnis der Situation und nicht die theoretischen Ansätze - die methodische Arbeit bestimmen, daß aber theoretische Ansätze Hilfsmittel sind, Praxis in dem Sinne des Auffindens von Möglichkeiten und Dimensionen der Veränderung zu "verstehen".

Diese Schriftenreihe soll kein Lehrbuch sein, noch soll sie ein solches ersetzen. Sie versteht sich als Arbeitsgrundlage und soll zum Weiterstudium anregen. Deshalb haben wir nach jedem Abschnitt Literaturhinweise und Begriffserklärungen eingefügt.

München, im Februar 1977

Die Verfasser

Literaturhinweise

Zum Problem "kritischer Realitätsbezug" im Vorwort:

1. M. Meinhold/W. Hollstein: Erziehung und Veränderung
Neuwied, November 1975

2. H. U. Otto/S. Schneider: Gesellschaftliche Perspektiven der Sozialarbeit, Bd. 1/2
Neuwied, Januar 1973

3. L. Rössner: Theorie der Sozialarbeit
München 1973

1. Das Verhältnis von Gesellschaft - Individuum - Sozialarbeit

Die Gesellschaft stellt die Rahmenbedingungen für methodisches Handeln der Sozialarbeit zur Verfügung, denn Sozialarbeit ist eine der in einer modernen Industriegesellschaft notwendigen arbeitsteiligen Funktionen.

1.1. Interdependenzmodell: Gesellschaft - Individuum - Sozialarbeit

Der gesellschaftliche Stellenwert der Sozialarbeit als arbeitsteilige Funktion läßt sich schematisch so darstellen:

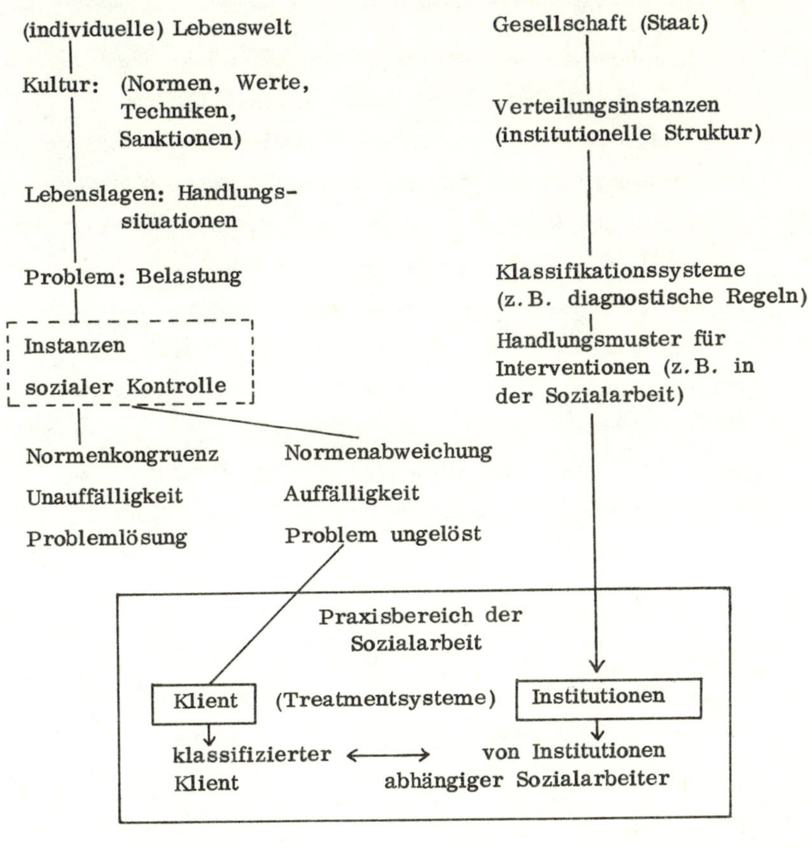

Abb. 1: Interdependenzmodell (nach MOLLENHAUER)

1.2. Gesellschaft

Vergesellschaftung ist nur unter dem Aspekt der Arbeitsteilung denkbar. Vergesellschaftung und Arbeitsteilung stehen in einem wechselseitigen Zusammenhang: je differenzierter das System der Arbeitsteilung, desto komplexer das gesellschaftliche System.

Die Grundform der Arbeitsteilung ist die zwischen Mann und Frau. Sie dient - etwa im Blick auf die Regeln, die mit der "Aufzucht" von Kindern verbunden sind - der Absicherung des auf Überleben ausgerichteten Grundbedürfnisses aller Vergesellschaftungsformen, der Reproduktion der Gesellschaft. Mit dieser Grundform der Arbeitsteilung werden keine Rollenerwartungen vorweggenommen, die den in unserer Gesellschaft geläufigen Stereotypen entsprechen.

Im Zusammenhang mit dem Reproduktionsproblem muß jede Gesellschaft weitere Grundprobleme lösen: nämlich die Sicherung des "Territoriums" und die Verteilung wirtschaftlicher Güter (Verfügung über Nahrungsquellen, Produktionsgüter, Kapital und ähnliches). Unter dem Druck der damit verbundenen Probleme entwickelt jede Gesellschaft ein je spezifisches System von Qualifikationserwartungen für die unterschiedlichen arbeitsteiligen Funktionen einer Gesellschaft und ein darauf bezogenes System, das Regeln enthält, wie diese Qualifikationserwartungen zu erbringen sind (das Bildungssystem). Vereinfacht ausgedrückt geht es um die Lösungen etwa folgender Fragen: Was muß und kann von einem Medizinmann, Krieger, Arzt, Fahrer, Sozialarbeiter u.a. erwartet werden, und wie erwerben sich mögliche Bewerber für diese Funktion die einschlägigen Voraussetzungen?

Die arbeitsteiligen Funktionen einer Gesellschaft werden durch eine Reihe sozialer Normen (etwa Tabus, Ge- und Verbote) abgestützt. Die Summe dieser sozialen Normen dient der Absicherung eines kontinuierlich ablaufenden Reproduktionsprozesses einer bestimmten Gesellschaft.

Das System der Qualifikationserwartungen ist nicht notwendigerweise hierarchisch strukturiert. Die hierarchische Ordnung der arbeitsteiligen Funktionen, wie sie etwa in unserer Gesellschaft gegeben ist,

ist zwar ein Kennzeichen für eine Reihe von Industriegesellschaften, aber notwendigerweise weder mit Vergesellschaftung schlechthin, noch mit Industriegesellschaft im besonderen verbunden.

Indessen deuten feldanthropologische Befunde darauf hin, daß phylogenetische Grundlagen menschlichen Lebens hierarchische Ordnungen begünstigen. Die in der "Instinktunsicherheit" des "biologischen Mängelwesens" Mensch begründete Notwendigkeit von Pflege und Erziehung führt zu einem spezifischen (in hochspezialisierten Gesellschaften zu einem langdauernden, hierarchisch strukturierten) Abhängigkeitsverhältnis zwischen Erzieher (Vater, Mutter oder professionellen Erziehern) und demjenigen, der erzogen werden muß.

Die zunehmende Differenzierung der Arbeitsteilung in hochspezialisierten Gesellschaften ist nur zum Teil durch die Entwicklung der Technik bedingt. Die Industrialisierung hat den Prozeß des Funktionsverlustes der Verwandtschaftsgruppen ausgelöst. Die dadurch bedingte zunehmend notwendige soziale Versorgung Einzelner oder Gruppen durch "die Gesellschaft" hat in den letzten Jahren eine erhebliche Eigenmobilität entwickelt, die den Prozeß der Arbeitsteilung zusätzlich beschleunigt.

Als Extremform der Arbeitsteilung ist die fortdauernde Spezialisierung anzusehen, die sich auch auf die Entwicklung der Sozialarbeit auswirkt (berufsfeldbezogene, anwendungsbezogene Spezialisierungsformen).

Spezialisten sind solche Personen und Personengruppen, die jeweils nur begrenzte Funktionen und Funktionsbereiche beherrschen (z. B. Handwerker, Juristen, Erzieher und andere). Diese Entwicklung steht im weiteren Zusammenhang mit Seßhaftigkeit, Wachstum und zunehmender Komplizierung von Zivilisation und Kultur.

Der Prozeß der Ausprägung eines Spezialistentums hat zu einer wachsenden Aufmerksamkeit dem Individuum gegenüber geführt (Figur - Grund - Problem). Der Grad der Aufmerksamkeit hängt - neben der funktionalen Bedeutung der vom Spezialisten geleisteten Arbeit - von dessen sozialer Stellung ab.

Zusammenfassung

Gesellschaft soll - für diese Arbeit - als eine Summe von Individuen verstanden werden, die unter dem Aspekt der Arbeitsteilung organisiert sind. Jeder arbeitsteiligen Funktion sind Qualifikationserwartungen zugeordnet, die wiederum auf einem exakt vorgegebenen Weg erworben werden müssen. Mit dem Erbringen von Qualifikationserwartungen ist in der Regel ein spezifischer sozialer Status für das Individuum verbunden, der wechselseitig mit der jeweiligen Struktur der Gesellschaft verbunden ist.

Die hier angedeuteten Bedingungen von Vergesellschaftung bestimmen den "zulässigen" individuellen Verhaltensspielraum.

Literaturhinweise:

R. König (Hrsg.): Handbuch der empirischen Sozialforschung
Bd. I, 1967
Bd. II, 1969
Stuttgart

Begriffserklärungen

Ambivalenz — Dieser Begriff bezeichnet das gleichzeitige Auftreten gegensätzlicher Impulse (in der Gruppenarbeit etwa: Annäherung und Ausweichen) (Doppelwertigkeit).

Feldanthropologie — Anthropologie ist die allgemeine und umfassende Bezeichnung für die Wissenschaft vom Menschen. Dabei werden drei Aspekte in unterschiedlichen Forschungsrichtungen besonders betont:
a) genetische oder somatische Aspekte
b) kulturelle oder ethnologische Aspekte
c) psychologische Aspekte.
Insbesondere die Aspekte unter b) und c) werden im Vergleich zwischen einzelnen Kulturen und Völkern untersucht (Feldanthropologie), wobei die Wissenschaftler mit den Gesellschaften, die Gegenstand ihrer Forschung sind (Feld), leben.

Figur-Grund-Problem — Insbesondere in mehrdeutigen Wahrnehmungssituationen kann sich das Gesamtbild schlagartig verändern (Kipp-Phänomen). Der Grund dafür liegt darin, daß sich die Aufmerksamkeit von der Figur auf den Grund verlagert. Dieser Vorgang belegt, daß Wahrnehmung ein aktives Geschehen ist und keine passive Aufnahme von Reizen (Gestaltpsychologie). "Figur" sind in diesem Sinne also die Wahrnehmungsinhalte, die mit Bedeutung verbunden sind und aus der Menge der bedeutungslosen Wahrnehmungsinhalte herausfallen.

Hierarchie — Hierarchie bezeichnet eigentlich die Rangordnung der geistlichen Gewalten. Im weiteren Sinn jede Art von Über- bzw. Unterordnung. Es gibt keine Gesellschaft, die nicht hierarchisch gegliedert ist. Es bestehen lediglich Unterschiede im Blick auf die hohe bzw. niedere Einschätzung bestimmter Funktionen. Das belegt, daß jeweilige Hierarchien von den Norm- und Wertsystemen einer Gesellschaft abhängig sind. In der Regel werden solche Funktionen besonders hoch bewertet, die einen hohen Überlebenswert für die Gesellschaft haben.

Idealtypus — Bezeichnung einer analytischen Technik der Soziologie (nach M. WEBER). Sie besteht in der Zusammenfassung und Abstraktion von Eigenschaften, die verwandten Gebilden, Tätigkeiten oder Gedanken gemeinsam zukommen, wenn man diese Eigenschaften als ideale auffaßt. Durch die Einführung solcher Idealtypen können Einzelphänomene in ihrer Abweichung voneinander anhand des Idealtyps vergleichend beschrieben werden.

Phylogenese — Bezeichnung für Ursprung und Entwicklung einer bestimmten Art, Klasse oder eines Stammes von Lebewesen im Unterschied zur Entwicklung des Individuums (Ontogenese).

Qualifikationserwartung — Qualifikationserwartungen werden im Blick auf alle arbeitsteiligen Funktionen einer Gesellschaft mehr oder weniger differenziert formuliert. Qualifikation wird in der Regel über ein auf diese Funktionen bezogenes System von Ausbildungsgängen erworben (Bildungssystem). Dieses System begünstigt in der Regel eine hierarchische Ordnung der Gesellschaft; es wird - wegen seiner selektiven Funktion - oft als wesentliche

Stütze dieser hierarchischen Ordnung angesehen.

Regression	Rückkehr zu früheren Erlebnisweisen, Formen der Triebbefriedigung oder der Bewältigung von Reizen. Eine Regression setzt eine vorausgegangene Fixierung voraus. Regression ist meist auch ein Schritt von wirklichkeitsorientierten, logisch-kontrollierten Denkvorgängen zum bildhaft-symbolischen Erleben.
Selektion	"Auswahl". Der Begriff wird gebraucht für: - die Auswahl der besseren, tüchtigeren oder der geeigneteren in einem von der Biologie übernommenen Sinn (Darwin - von der Entwicklung der Arten) - die Auswahl der Wahrnehmungen, die für das Individuum aufgrund seiner Erwartungen, Einstellungen usw. von Bedeutung sind, aus der Menge der gesamten Wahrnehmungen (Figur-Grund-Problem).
Stereotyp	Stereotyp kann man auch als eine Form des Vorurteils bezeichnen. Der Begriff meint relativ überdauernde, starre, festgelegte Sichtweisen und Überzeugungen in Bezug auf Gruppen von Individuen oder Dingen. Stereotype unterliegen keiner aktuellen Bestimmung und haben deshalb eine hohe Stabilisierungsfunktion für Gesellschaften.
Subsystem	System: Elemente mit bestimmten bzw. bestimmbaren Funktionen, die nach bestimmten Ordnungsprinzipien zusammenwirken. Subsystem: kleinere, teilweise für sich handlungsfähige Einheit aus dem Gesamtsystem.
Vergesellschaftung	Vergesellschaftung bezeichnet den Prozeß der Entstehung von Gesellschaften; dabei ist vor allem das Problem der Verminderung der Zahl der genetisch möglichen Verhaltensmuster auf die gesellschaftlich notwendigen zu lösen. Wenige - gesellschaftlich notwendige - Verhaltensmuster und Symbole haben den Vorteil, daß Kommunikation und soziale Verhaltensmuster leichter erlernt und kontrolliert werden können. Verringerung der Konfliktmöglichkeiten hat im übrigen Überlebenswert für die Gesellschaft und wird deshalb besonders gestützt.

1.3. Das Verhältnis von Individuum und Gesellschaft

Die Abhängigkeiten, die das Verhältnis Individuum und Gesellschaft kennzeichnen, sind wechselseitig. Das heißt allerdings nicht, daß das Individuum im selben Maß die Gesellschaft bestimmt wie diese das Individuum.

Das Verhältnis Individuum und Gesellschaft drückt sich in den Differenzierungsbedingungen der Kategorien des gesellschaftlichen "wir", "ich", des "nicht-ich", des "ich und die anderen" und des "ich und du" aus.

"Wir und die anderen" sind demgegenüber archaische Kategorien, ein phylogenetisches Erbe. Sie helfen die besondere Wirksamkeit des sozialen Drucks zu erklären. Dieser soziale Druck soll den Zerfallstendenzen von Gesellschaften entgegenwirken.

Stehen Gesellschaften oder einzelne ihrer Teilbereiche (Gruppen oder Schichten) unter Druck, tritt die Bedeutung des Individuums, die Bewertung der Individualität, zu Gunsten gemeinsamer Ziele zurück (Kollektivismus). Die gemeinsamen Ziele werden dabei oft einer zentralen Figur einer Gesellschaft oder Gruppe zugeschrieben (Führerbildung).

Der Stellenwert des Individuums unterscheidet sich von Gesellschaft zu Gesellschaft; aber auch innerhalb einer Gesellschaft von Subsystem zu Subsystem.

Da zwar individuelles Verhalten, nicht aber seine kognitiven und motivationalen Ursachen, unmittelbar beobachtbar ist (black-box-Problem), ist es die Aufgabe der Theoriebildung, die wahrnehmbaren Erscheinungen (Phänomene) zu ordnen und in geeignete Beurteilungsgrundlagen (diagnostische Regeln) umzusetzen.

Im Zusammenhang mit der Erforschung des Individuums treten für einschlägige Wissenschaften Probleme auf. Denn alles, was am "Phänomen Individuum" beobachtbar ist, ist zumindest Ergebnis zweier Faktoren, deren jeweilige Anteile weder qualitativ noch quantitativ exakt differenziert werden können: Anlage und Umwelt.

Durch genetische Bedingungen ist die Variationsbreite individuellen Verhaltens kaum begrenzt. Gesellschaften sind aber nur dann lebens- und funktionsfähig, wenn es gelingt, die genetisch mögliche Verhaltensvarianz auf ein gesellschaftlich notwendiges Mindestmaß einzugrenzen. Folglich beruht individuelle soziale Sicherheit darauf, daß die Verhaltensmöglichkeiten anderer kalkulierbar sind. Das Ausmaß der Kontrollierbarkeit der sozialen Umgebung für den einzelnen hängt wiederum davon ab, in welchem Umfang soziale Regulative (z.B. "Stereotype" oder "soziale Vorurteile") das Verhalten anderer vorhersehbar und damit beeinflußbar machen. Zu diesen sozialen Regulativen zählen unter anderem die unter dem Begriff "Rolle" zusammengefaßten Verhaltensmuster (Denk-, Fühl- und Handlungsmuster).

Ausbildung, Aufrechterhaltung und Veränderung von Rollen erfolgt in Interaktionen der Mitglieder einer Gesellschaft untereinander, denen dafür ein mehr oder weniger großer Spielraum zur Verfügung steht.

Rollenvorschriften sind von Gesellschaft zu Gesellschaft, aber auch innerhalb einer Gesellschaft variabel.

Die Vielgestaltigkeit gesellschaftlicher Realität erfordert von jedem Individuum eine mehr oder weniger große Rollenvarianz. Der Wechsel sozialer Situationen erfordert nicht selten eine neue Einstellung, anderes Denken, Fühlen oder Handeln. Das heißt, daß jeder Mensch nacheinander - nicht selten auch gleichzeitig - mehrere Rollen zu erfüllen hat (Nacheinander: Kleinkind, Schüler, Lehrling; nebeneinander: Lehrling, Freund, Sohn).

Es gibt keine für alle Gesellschaften gleichermaßen verbindlichen Rollen und Rollenerwartungen. Selbst solche durch externe Bedingungen scheinbar festliegende Rollen - wie Geschlechterrolle oder Altersrolle - unterliegen einer weitgehenden Bestimmbarkeit durch gesellschaftliche Normen und Werte.

Norm- und Wertsysteme an sich haben keinen oder nur einen begrenzten Verbindlichkeitscharakter für Mitglieder einer Gesellschaft. Aus diesem Grunde sind Norm- und Wertsysteme regelmäßig sanktional abgesichert, das heißt, Instanzen sozialer Kontrolle (Ordnungsorgane, Gerichte; auf der Basis von Sanktionskatalogen in der Regel in Form von Gesetzen) sichern die Einhaltung einschlägiger Normen und erleichtern die Verhaltensbeurteilung.

Die Fähigkeit, Verhalten entsprechend angemessener Rollenvorschriften zu organisieren, erwerben die Mitglieder einer Gesellschaft im Wege des Sozialisationsprozesses, in dem Normen- und Wertsysteme, Techniken und Handlungsmuster mit je unterschiedlichem Verbindlichkeitsgrad weitergegeben werden. Dieser Sozialisationsprozeß ist primär zu sehen als ein Neben- und Nacheinander sozialer Interaktionen. Diese Interaktionen finden häufig zwischen aufeinander bezogenen Rollen statt (Rollen und Gegenrollen). Sie laufen meist in sehr komplexen Strukturen ab; sie können vertikal (Vater - Kind, Lehrer - Schüler) oder horizontal (Schüler einer Klasse, Mitglied einer Therapiegruppe) organisiert sein. Eindimensionalität der Organisation (z.B. aufgrund von Lebensalter, Geschlecht u.a.) ist selten.

Angemessenes soziales Handeln ist für das Individuum nur dann möglich, wenn das Feld überschaubar ist und seine Elemente und deren Beziehungen untereinander unterscheidbar sind. In ihren Elementen unzureichend unterscheidbare soziale Situationen führen bei Individuen zu Entscheidungskonflikten (Intrarollenkonflikten), welche Verhaltensmuster (Rolle) der sozialen Situation angemessen sind. Fordert die soziale Umgebung gleichzeitig unterschiedliche Verhaltensmuster, treten Rollendiskrepanzen auf. Solche "Interrollenkonflikte" treten dann auf, wenn die interagierenden Individuen jeweils unterschiedliche Aspekte eines bestimmten Rollenverhaltens erwarten.

Bevorzugen einzelne Mitglieder bestimmte Aspekte einer Rolle zu Lasten anderer Aspekte in einem nicht mehr tolerierbaren Maße, so spricht man von "abweichendem Verhalten". Die Behandlungsbedürftigkeit abweichenden Verhaltens wird von der Gesellschaft nach zwei Kriterien entschieden, und zwar:

a) nach den Auswirkungen des Verhaltens auf Bestand und Entwicklung einer Gesellschaft,

b) nach der gesellschaftlichen Position des Rollenträgers.

Abweichendes Verhalten ist keine "punktuelle Erscheinung" im Verhalten des Individuums, auch wenn es häufig von der sozialen Umwelt so wahrgenommen wird. Abweichendes Verhalten hat regelmässig eine weit in die "Biographie" des Individuums zurückreichende "Geschichte". Diese "Geschichte" wird als Stigmatisierung bezeichnet, das ist der Prozeß der primären bzw. sekundären Verstärkung erster Abweichungstendenzen.

Es ist bislang noch nicht gelungen, diesen Prozeß wissenschaftlich exakt zu erfassen; vor allem existieren noch keine brauchbaren Ursache-Wirkungsmodelle (mit hinreichenden Vorhersagemöglichkeiten), die den Zusammenhang einzelner an diesem Prozeß beteiligten Faktoren gültig erklären.

Wie bedauerlich dies für Nicht-Funktionäre ist, möge man sich an ALDOUS HUXLEY's Schöne neue Welt (Frankfurt am Main 1971), GEORGE ORWELL's 1984 (Zürich 1950) und B. F. SKINNER's Futurum II (Reinbek bei Hamburg 1972) vergegenwärtigen.

Aussagen über den Stellenwert eines Individuums in einer Gesellschaft (oder Schicht) lassen sich anhand der "Investitionen" machen, die eine Gesellschaft vornimmt, um den Individuen (oder Gruppen), die vorübergehend oder auf Dauer die als positiv bewerteten Zustände nicht oder nur begrenzt erreichen können, die also "abweichendes Verhalten" zeigen und deshalb das Funktionieren und/oder das Selbstbild der Gesellschaft oder ihrer Teilbereiche stören könnten, zu "resozialisieren" oder ihrem "Abweichen" vorzubeugen.

Solche "Investitionen" sind materialer, personaler und idealer Art. Sie haben in der Regel in hochspezialisierten Gesellschaften eine vielgestaltige Form: Bildungswesen, Gesundheitswesen, soziale Sicherung. Zu diesen Investitionen zählt auch die Institution "Sozialarbeit".

Mit der Ausbildung solcher Institutionen ist auch die Entstehung eines Spezialistentums verbunden.

In unmittelbarem Zusammenhang mit der Ausbildung des Spezialistentums steht die Entstehung und Differenzierung von Bildungssystemen.

Bildungssysteme haben die Funktion, Möglichkeiten für den Erwerb von Qualifikationen bereitzustellen. Sie wirken in erheblichem Maße auslesend. Diese Auslese stellt einen Verteilungsmechanismus der Individuen auf die gesellschaftlich notwendigen arbeitsteiligen Funktionen dar. Bildungssysteme regeln also unter anderem den Prozeß vertikaler und horizontaler Mobilität.

Es ist derzeit also wahrscheinlich, daß eine Reihe von Techniken - auch im Bereich der Sozialarbeit -, von denen angenommen wird, daß sie zur Löschung (Extinktion) abweichenden Verhaltens beitragen, nichts oder eher das Gegenteil - nämlich Verstärkung - bewirken.

Genau so wie der Stigmatisierungsprozeß selbst ist das Maß für abweichendes Verhalten sehr komplex. Es existieren für die Diagnose abweichenden Verhaltens nur begrenzt gültige und stabile Kriterien. Wegen der Heterogenität der gesellschaftlichen Norm- und Wertsysteme gibt es auch kein in allen gesellschaftlichen Bereichen gleichermaßen verbindliches Maß für Wahrnehmung und Beurteilung abweichenden Verhaltens.

Dieses Wertsystem ist allerdings innerhalb einer Gesellschaft nicht homogen, es unterscheidet sich von Schicht zu Schicht, von Gruppe zu Gruppe.

Die am Zustandekommen dieser Unterschiede beteiligten Variablen sind noch nicht hinreichend erforscht. Das bezieht sich auch auf die Bedingungen für Mikro- bzw. Makrostrukturbildungen. Das gilt im besonderen für die Übergangsbereiche von Mikro- zu Makrostrukturen (und umgekehrt).

Zusammenfassung

Die wechselseitigen Abhängigkeiten (Interdependenzen) zwischen Individuum und Gesellschaft sind äußerst vielschichtig. Folglich sind die bislang zur Verfügung stehenden Ursache-Wirkungsmodelle häufig deshalb unzureichend, weil jeweils nur eine begrenzte Zahl von Variablen erfaßt werden kann. Dies gilt im besonderen für den Praxisbereich der Sozialarbeit.

Für die Sozialarbeit lassen sich aus den hier genannten Institutionalisierungskriterien die allgemeinen Kategorien "Sozialarbeit - Nicht-Sozialarbeit" ableiten, speziell die Kategorien "Sozialarbeit - Verwaltung", "Sozialarbeit - Klientel". Mit dem Kategorienpaar Sozialarbeiter - Klient ist auch der Identifikationskonflikt des Sozialarbeiters zwischen seiner beruflich-gesellschaftlichen Position einerseits und dem Klientel andererseits angesprochen.

Bezogen auf Rollen, wie "Klient", "Sozialarbeiter", "anderer Sozialarbeiter" existieren bestimmte Erwartungshaltungen. Diese drücken aus, daß sich die Rollenträger in für jeden erkennbarer differenter Weise verhalten. Entsprechend den jeweiligen Verbindlichkeitsgraden der Norm- und Wertsysteme sind diese Erwartungshaltungen in sich und gegenüber anderen unterschiedlich verbindlich, differenziert und veränderlich.

Das Wechselwirkungsmodell macht dreierlei deutlich:

- Aus den Überlegungen folgt, daß es weder ein "Individuum an sich", noch "Gruppen an sich", noch "Gesellschaften an sich" geben kann.

  Daraus ist eine erste Konsequenz für diesen "Praxisgegenstand", die Methodik und die Ziele der Sozialarbeit ableitbar: Praxisgegenstand können nicht "Individuum", "Gruppen" oder "Gemeinwesen" sein, sondern die zwischen diesen bestehenden Interdependenzen. Dasselbe gilt auch für Ziele und Methodik.

- Das System der Arbeitsteilung in einer Gesellschaft ist in hohem Maße institutionalisiert. Die jeweilige Handlungskompetenz einzelner basiert auf einem Klassifikationssystem (etwa Regeln psychosozialer Diagnose), das aus der Norm- und Wertgrundlage der Gesellschaft abgeleitet ist. Daraus wiederum resultieren Ziel und Methoden sozialarbeiterischen Handelns (treatment-systems).

- Einzelne, Gruppen oder Gemeinwesen werden dann zum Praxisbereich der Sozialarbeit, wenn Instanzen sozialer Kontrolle deren Verhalten oder Struktur als "behandlungsbedürftig" einschätzen. Das geschieht in der Regel bei einem nicht mehr tolerierbaren Grad der Abweichung von verbindlichen Normen, Werten oder Standards.

Hier wird bereits das Grundproblem der Sozialarbeit deutlich: Sozialarbeit ist reaktiv, das heißt, sie reagiert auf interventionsbedürftiges Verhalten oder auf interventionsbedürftige Strukturen. Dabei liegen die Klassifikationssysteme, die die Intervention begründen, ausserhalb des Praxisbereiches der Sozialarbeit. Das heißt die Sozialarbeit selbst verfügt nicht über die Kriterien, die ihr Einsetzen und ihre Ziele bestimmen.

Literaturhinweis:

P. Malinowski/U. Münch: Soziale Kontrolle
Neuwied, Januar 1975

Begriffserklärungen:

archaisch	(in der Menschheitsgeschichte) frühzeitig, altertümlich, alt, bis in die Frühzeit der stammesgeschichtlichen Entwicklung des Menschen zurückreichend.
Antinomie	Widerspruch in sich von Sätzen, Gesetzen und allgemeinen Gegebenheiten.
Heterogenität	Zusammensetzung (etwa von Gruppen) aus verschiedenen oder verschiedenartigen Komponenten (Mitgliedern).
Homogenität	Zusammensetzung aus ähnlichen oder gleichartigen Komponenten.
Kognitiv	das Erkennen, Wahrnehmen, Denken betreffend.
Motivation	allgemeine und umfassende Bezeichnung für die Bedingungen, die Verhalten hinsichtlich Intensität und Richtung beeinflussen und die nicht unmittelbar aus äußeren Reizen abgeleitet werden können. Insofern ist Motivation ein hypothetisches Konstrukt zur Erklärung beobachtbaren Verhaltens.

politische Arbeit	Summe aller Maßnahmen und Initiativen, die sich mit der Durchsetzung von Interessen bzw. der Verhinderung dieser Durchsetzung befassen. In einer pluralen Gesellschaft ist die Hauptform politischer Arbeit zwangsläufig das Erzielen eines Kompromisses zwischen Interessengruppen (eigentlich: Interessentengruppen) nach bestimmten Spielregeln. Da das Klientel der Sozialarbeit meist nicht in der Lage ist, seine Interessen wirksam zu vertreten, hat die politische Arbeit der Sozialarbeit zwei Aufgaben: auf die Defizite des Klientel hinzuweisen und dieses zu befähigen, seine Interessen zu artikulieren.
Rollendiskrepanz	Rollendiskrepanzen können als: - Intra-Rollenkonflikt aber auch als - Inter-Rollenkonflikt auftreten. Intra-Rollenkonflikte treten bei einem Menschen in einer bestimmten Situation dann auf, wenn er von verschiedenen Personen oder Personengruppen mit abweichenden Verhaltenszumutungen konfrontiert wird. Inter-Rollenkonflikte treten in bestimmten Situationen deshalb auf, weil sich die mit verschiedenen Positionen verbundenen Verhaltenszumutungen widersprechen können.
Sanktion	Sanktion bezeichnet die Folgen auf einen nicht mehr tolerierbaren Grad der Abweichung von sozialen Normen. Das Zusammenwirken aller Maßnahmen, die dazu beitragen, daß Normen eingehalten werden, kann man als Prozeß der sozialen Kontrolle bezeichnen.
street-worker	Form der Sozialarbeit, deren Hauptarbeitsgebiet Jugendliche in Straßengruppen oder aus der offenen Arbeit der Freizeitheime sind. Die street-worker nehmen mit den Gruppen oder Einzelnen meist in deren Stammlokale oder Treffpunkte auf oder sie lassen sich ansprechen. Hauptarbeitsbereiche sind dabei: in akuten Notfällen Vermittlung zwischen Jugendlichen und Eltern, Arbeitsstätte, Schule, Freunde; Kontaktbrücke zu Polizei und Behörden. Schwierigkeiten der Arbeit: lange Zeit meist nur gelegentliche Kontakte, sehr langsamer Aufbau eines Vertrauensverhältnisses, scheinbar nur geringe Erfolgsrate.

Verbesserung der Gemeinwesenstruktur ebenso wie Beiträge zur sozialen Planung.

Folglich handelt es sich bei dem derzeitigen Begriff "Sozialarbeit" eher um einen Zweckbegriff für ein breites Praxisfeld, das sich nur zu einem geringen Teil mit dem traditionellen Praxisfeld von Sozialarbeit und Sozialpädagogik deckt. Das liegt nicht zuletzt daran, daß die moderne Gesellschaft nicht auf Interaktionen beruht, die als "Helfen" charakterisiert werden können. Helfen wird hier verstanden als Leistung eines Beitrages zur Befriedigung der Bedürfnisse eines anderen Menschen. Helfen kommt nur zustande, wenn und soweit es erwartet wird (nach LUHMANN). Dagegen schaffen moderne Gesellschaften eine Umwelt, in der sich organisierte - auf Helfen spezialisierte - Sozialsysteme ausbilden. Diese machen "Hilfe" in hohem Maße zuverlässig erwartbar und damit kalkulierbar.

Die für moderne Gesellschaften kennzeichnenden Organisationsbedingungen haben über die anfänglich nur wenig spezialisierte Sozialarbeit (case-work, group-work, community-work) hinaus zu weiteren Spezialisierungen geführt. Dieser Prozeß war nicht allein auf eine zunehmende Differenzierung gesellschaftlicher Problemlagen zurückzuführen, sondern in weitaus stärkerem Maße auf die Professionalisierungstendenzen innerhalb der Sozialarbeit selbst.

Es lassen sich allgemeine Strukturierungsbedingungen der treatmentsystems "Sozialarbeit" angeben:

a) allgemeine Sozialarbeit
   - Theoriebildungen
   - methodologische Grundlagen
   - Interventionstechniken
   - allgemeine Prinzipien (Norm-, Wert-, Zielvorstellungen);

b) spezielle Sozialarbeiten
   Die hier heranziehbaren Spezialisierungskriterien sind sehr unterschiedlich. Die Praxis zeigt Tendenzen, bestimmte mehrdimensionale Spezialisierungsbereiche zu entwickeln, die sich teilweise überschneiden bzw. die sich nicht exakt gegeneinan-

der abgrenzen lassen. Die Mehrdimensionalität der Spezialisierungskriterien macht es derzeit sehr schwer, einen eindeutigen methodologischen Standort der Sozialarbeit zu bestimmen.

Folgende Möglichkeiten der Spezialisierung sind derzeit in der Praxis geläufig:

a) Methoden der Sozialarbeit

b) Lebenssituationen des Klientel
(Alter, Familie, selbständig oder in einer Einrichtung untergebracht usw.)

c) Ausschnitte aus funktionalen oder regionalen Gemeinwesen.

zu a) Methoden der Sozialarbeit
- case-work
- group-work
- community-work
- social-action

zu b) Lebenssituation des Klientel
- Sozialarbeit mit älteren Bürgern
- Sozialarbeit mit Jugendlichen
- Sozialarbeit mit Kindern und Erwachsenen
- Sozialarbeit mit Behinderten
- Sozialarbeit mit besonderen Personengruppen
(Abhängigen, Strafentlassenen u.a.)

zu c) Ausschnitte aus funktionalen oder regionalen Gemeinwesen
- offene Sozialarbeit
- Sozialarbeit in geschlossenen Einrichtungen
- Gemeinwesen
- Planung
- betriebliche Sozialarbeit
- Resozialisierung / Rehabilitation
- Aus- und Fortbildung für Sozialarbeit selbst
- fachliche Regeneration / Reproduktion der Sozialarbeit.

Doppelnennungen belegen das Problem, daß eindeutige Spezialisierungskriterien fehlen. Die mangelnde Trennschärfe der Spezialisierungskriterien ist in der ungenügenden theoretischen Absicherung der Sozialarbeit bedingt. Sie blieb nicht ohne Auswirkung auf die Professionalisierungsprozesse innerhalb der Sozialarbeit (SKIBA). Mit der Ausbildung von spezialisierten Sozialsystemen ist der Prozeß der Professionalisierung für die Bereiche "Sozialarbeit" unmittelbar verbunden. Das ansteigende Professionalisierungsniveau innerhalb der Sozialarbeit ist auch ein Indiz für den Stellenwert, den die Investition "Sozialarbeit" in einer Gesellschaft hat.

Professionalität umfaßt folgende Kriterien:

1. langdauernde, theoretisch fundierte Spezialausbildung;
2. die Berufsangehörigen werden in der Praxis an bestimmte Regeln gebunden;
3. die Berufsangehörigen sind in einem Berufsverband mit weitgehender Selbstverwaltung und Disziplinargewalt organisiert;
4. die Arbeit der Berufsangehörigen ist ein Dienst an der Allgemeinheit. Sie dient vornehmlich dem öffentlichen Wohl und der Stabilität der Gesellschaft, weniger der Befriedigung privater Interessen (OTTO / UTERMANN).

Nach dieser Kategorisierung zählen zu den klassischen "professions": Ärzte, Rechtsanwälte u.a. (nach OTTO / UTERMANN). Beides sind allerdings ebenfalls berufliche Funktionen, die auf die Behebung eines (hier im medizinischen oder rechtlichen Sinn) "abweichenden" Verhaltens abzielen. Professionalisierung scheint dann eher zu gelingen, wenn im wesentlichen gesellschaftsstabilisierende Funktionen wahrgenommen werden.

Mit Professionalisierung des Handelns, das den Mitmenschen in einer seiner Rollen - nämlich der des Klienten - zum Gegenüber hat, bekommt dieses Handeln eine andere Dimension: der berufliche Vollzug wird abgelöst vom "eigentlichen Ich".

Professionalisierung innerhalb der Sozialarbeit enthält deshalb auch Gefahrenmomente. Diese berühren zwei Ebenen:

a) die Ebene des Sozialarbeiters

Für ihn wird das "Machbare" zum Maßstab seines - objektivierbaren - Handelns. Nur so kann er erfolgreich sein.

b) die Ebene des Klienten

Er muß seine auf Hilfe abgestellten Erwartungen - und damit Teile seiner Rolle - umstrukturieren. Er lernt zu unterscheiden, daß er wahrscheinlicher bei eher technischen und kurzfristig lösbaren Problemstellungen beim Sozialarbeiter ankommt, weniger mit solchen, die längerfristig auch dessen emotionalen Einsatz erfordern.

Wenngleich zugestanden werden muß, daß sich diese Einwände weniger gegen die Sozialarbeiter richten, die in therapeutischen Einrichtungen (Beratungsstellen, heilpädagogischen Einrichtungen) tätig sind, weil ihnen dort - quasi als Bestandteil professionellen Handelns - mehr emotionales Engagement zugestanden wird, so lassen sich gerade dort - wegen der oft schwierigen Übernahme verhaltensmodifikatorischer Techniken - die genannten Tendenzen nachweisen.

In der Praxis der Sozialarbeit finden sich allerdings kaum Widerstände gegen die genannten Tendenzen. Das hat folgende Gründe:

- Zunächst ist diese Entwicklung in einer Zeit nichts Besonderes, deren Aufgeklärtheit sich im Ideal eines automatisierten input-output-Systems ausdrückt,
- diese Entwicklungstendenzen sind in einer Reihe anderer Berufe ebenso beobachtbar,
- diese Entwicklung bewirkt ein zunehmend stärker werdendes instrumentelles Verständnis vom Anderen. Damit wird das Verhalten des Anderen kalkulierbar, was sich in zunehmender Rollensicherheit ausdrückt.

Tatsächlich bestätigen sich mit der Analyse der Professionalisierungstendenzen die aus dem Wechselwirkungsmodell (s.o.) gezogenen Konsequenzen: Sozialarbeit reagiert auf kurzfristig sichtbar werdende Probleme und strebt folglich in der Regel keine auf langfristige gesellschaftliche Veränderungen abgestellte Lösungen an. Dieser Faktor liegt nicht allein in der Tatsache begründet, daß die Sozialarbeit nur über Interventionstechniken von kurzer (bis mittlerer) Reichweite verfügt.

Ein weiterer Faktor für die geringe Reichweite der sozialarbeiterischen Interventionen liegt in dem allgemeinen Stellenwert der Sozialarbeit innerhalb der gesamtgesellschaftlichen Sozialisationsbereiche begründet. Diese lassen sich als "tertiärer Sozialisationsbereich" fassen und schematisch etwa so darstellen:

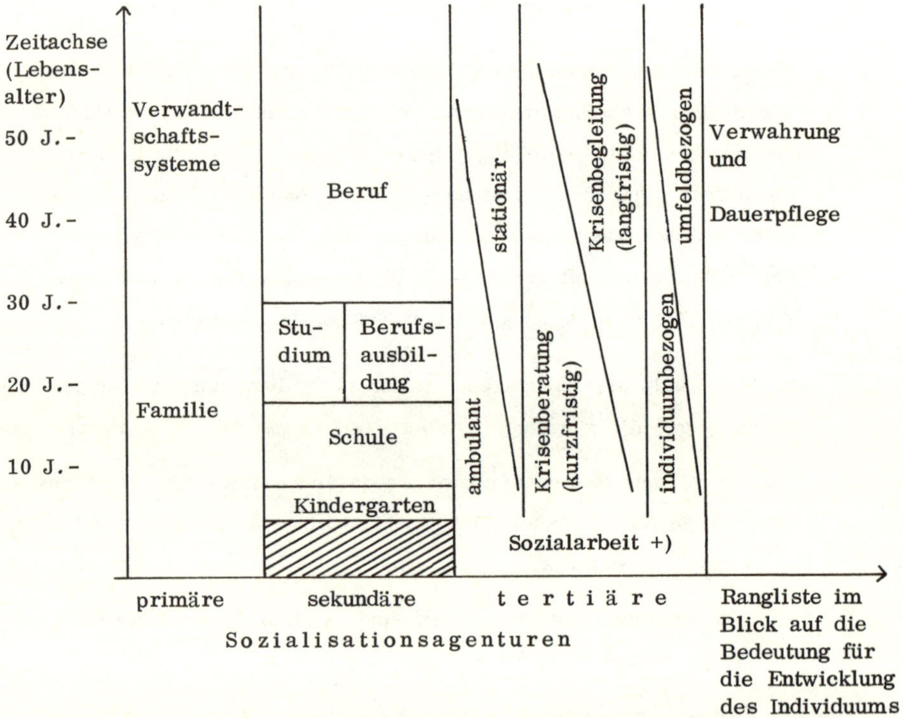

Abb. 2 System der Sozialisationsagenturen

+) Dem Begriff Sozialisation ist der Begriff Veränderung eingeschlossen. Folglich gehören unter diesem Verständnis von Sozialisation die Bereiche Verwahrung und Dauerpflege nicht zum

Bereich der Sozialarbeit. Darum haben wir diesen Bereich als 4. Bereich (quartiären Bereich) neben den Bereich Sozialarbeit gestellt.

Sozialarbeit stellt folglich Maßnahmen bereit, die dann eingesetzt werden sollen, wenn primäre bzw. sekundäre Sozialisationsagenturen ihre Funktion nicht oder nicht hinreichend wahrnehmen können. Dabei sollen Maßnahmen der Sozialarbeit primäre bzw. sekundäre Sozialisationsagenturen nur ergänzen und nicht ersetzen (ggf. nur kurzfristig).

Organisationsformen der Sozialarbeit

Organisationsformen sind hier prinzipiell auf zwei Ebenen zu sehen:

a) Organisationsformen der Sozialarbeit selbst

b) Organisationsformen innerhalb der Sozialarbeit.

zu a)

Organisation in Berufsverbänden ist eine Voraussetzung für eine zunehmende Eigenständigkeit der Sozialarbeit und damit zunehmende Professionalisierung. Das Interesse an Berufsverbandsarbeit ist bei den Sozialarbeitern derzeit noch gering. "Fremde" Organisationsformen, die weniger berufsbezogene Interessen von Sozialarbeitern als deren Interessen als Arbeitnehmer schlechthin vertreten (Gewerkschaften), finden dagegen mehr Zuspruch.

Diese relative Abstinenz gegenüber der Vertretung eigener materialer Interessen (die, weit ausholend, auch als die Interessen des Klientel erklärbar sind) und das Fehlen des für politische Arbeit nötigen Standesdenkens läßt sich aus der sozialen Herkunft vieler Sozialarbeiter (Aufstiegsberuf) erklären. Politische Arbeit ist aber nötig, wenn die Reichweite sozialarbeiterischen Handelns erhöht werden soll.

Mit Reichweite der Sozialarbeit sind zwei Aspekte ihres Handelns gemeint: einmal der zeitliche, zum anderen der strukturelle.

- Der zeitliche Aspekt meint, daß die Interventionstechniken der Sozialarbeit nur eine begrenzte Reichweite in der Entwicklungsgeschichte von Individuen, Gruppen und Gemeinwesen haben.
- Der strukturelle Aspekt bezieht sich auf die Begrenztheit der Wirkungen sozialarbeiterischen Handelns im gesellschaftlich-strukturellen Bereich.

Die Begrenztheit der Reichweite sozialarbeiterischen Handelns bewirkt außerdem, daß die Sozialarbeiter "aus der Praxis" kaum Einfluß auf die Ausbildung von Nachwuchskräften und auf die Weiterentwicklung des beruflichen Vollzuges haben. Beide Bereiche bleiben weitgehend den Fachhochschulen überlassen, in denen überwiegend fachfremde Lehrkräfte unterrichten und die ihre - für andere Verwertungszusammenhänge konzipierten - Methoden und Techniken auf die Sozialarbeit übertragen, ohne qualifizierte Rückmeldung über die allgemeine oder teilweise Brauchbarkeit derartiger Vorgehensweisen für die Sozialarbeit.

zu b) Organisationsformen innerhalb der Sozialarbeit

Ausgangspunkt für eine Differenzierung der Organisationsformen ist für uns die Interpretation des Grundsatzes der "Gleichheit vor dem Gesetz". Dieser Grundsatz findet inhaltlich zwei Schwerpunkte:

- Ein rechtlich festgelegter und spezifizierter Bezugsrahmen wird auf alle Betroffenen gleichermaßen angewendet. Abweichungen davon sind in genau festgelegtem Maß möglich oder müssen gerichtlicher Nachprüfung standhalten. Gruppen von Problemen stehen Gruppen von Lösungen gegenüber.
- Gleichheit bedeutet hier, daß ein jeder Betroffene gleichen, allerdings notwendigerweise nicht gleichartigen Anspruch auf Hilfeleistung hat, durch die er aber entsprechend seinen Bedürfnissen und Möglichkeiten an der Lösung seiner Probleme arbeiten kann. Individuellen Problemen stehen - im Rahmen des gesellschaftlich Möglichen - individuelle Lösungen gegenüber. Hier besteht kein rechtlicher Anspruch auf Hilfe allgemein oder auf bestimmte Hilfeleistungen.

Diese Unterschiede, die nicht nur für den Bereich der sozialen Arbeit Gültigkeit haben, lassen eine Einteilung der Träger der Sozialarbeit in zwei Gruppen von Organisationen zu:

- die Sozialarbeit öffentlicher Träger
- die Sozialarbeit freier Träger.

Der erste inhaltliche Schwerpunkt des Begriffes "Gleichheit" wird traditionell im Bereich der öffentlichen Sozialarbeit, im Bereich der Exekutive, vertreten. Festlegungen, daß sich "Art, Form und Maß der ...-hilfe" nach "der Besonderheit des Einzelfalles" richten (§ 3 Abs. 1 BSHG), widersprechen der traditionalistischen Betrachtungsweise des Gleichheitsgrundsatzes und führen in verschiedenen Einrichtungen immer wieder zu Konflikten zwischen "denen von der Verwaltung" und "den Sozialarbeitern".

Der individualisierende Ansatz des Begriffes "Gleichheit" konnte eher in der sozialen Arbeit der Träger der freien Sozialarbeit verwirklicht werden, findet sich aber insgesamt vermehrt in stärker spezialisierten Einsatzgebieten der Sozialarbeit (z.B. street-worker, bestimmte Bereiche der Resozialisierung).

Zur Zeit deutet sich eine gewisse Annäherung des methodischen Arbeitens bei öffentlichen und freien Trägern an, besonders bei sogenannten "Modellen" und "Projekten".

Von den unterschiedlichen Voraussetzungen her kann diese Konvergenz im allgemeinen schon das Stadium der Parallelität nicht erreichen. Wenn noch die Problematik der Effektivitätskontrolle mit berücksichtigt werden soll, ergeben sich für den Sozialarbeiter besonders im öffentlichen Dienst (aber nicht nur hier!) immer wieder die Probleme der Entscheidung zwischen klientorientiertem und problemorientiertem Vorgehen. Das eine ist aufwendiger als das andere: Entscheidungsprobleme bestehen zwischen methodisch-systematischem oder freiem Arbeiten, zwischen Selbstbestimmung (die oft erst gelernt werden muß) und Fremdbestimmung, zwischen Bewahrung und Bewährung, zwischen Arbeit mit dem Einzelnen oder der gezielten Veränderung des Umfeldes.

Neben diesen grundlegenden Unterschieden der Organisationsformen - Sozialarbeit als rechtlich fixierte öffentliche oder als freiwillige, rechtlich nicht gebundene Dienstleistung - finden wir im Bereich der sozialen Arbeit noch weitere Organisationsformen:

- Konsultation als die Beratung von Sozialarbeitern durch Fachleute (z.B. Ärzte, Verwaltungskräfte, Sozialarbeiter mit Spezialausbildung),
- Kooperation als Zusammenarbeit von Sozialarbeitern untereinander oder mit Vertretern anderer Berufe für kürzere oder längere Dauer,
- Teamarbeit als die intensivste Form der Kooperation, in der eine Gruppe von Fachkräften eine gemeinsame Aufgabe zu leisten hat (s. U.),
- Supervision - Praxisberatung als berufsbezogene Beratung, die primär durch Sozialarbeiter selbst geleistet werden soll.

Alle diese Formen von Organisation in der Sozialarbeit können auf formeller oder informeller Basis vonstatten gehen. Für die realistische Einschätzung seiner beruflichen Möglichkeiten ist es für den Sozialarbeiter unabdingbar, sich immer wieder zu vergegenwärtigen, daß auch diese Formen der Organisation denselben Gesetzmäßigkeiten des menschlichen Handelns unterliegen wie die Beziehung Klient - Sozialarbeiter oder Klient - Umgebung.

Zusammenfassung

Das Verhältnis Sozialarbeit - Gesellschaft ist zunächst dadurch bestimmt, daß Gesellschaft Auftraggeber für Maßnahmen im tertiären Sozialisationsbereich ist. Allerdings bleiben sowohl Zielgruppen und Zielvorstellungen häufig deshalb unscharf, weil Gesellschaft auch "Auftraggeber" für ihre eigene Veränderung ist.

Sozialarbeit verfügt indessen auch nicht über Interventionsstrategien großer - zeitlicher und struktureller - Reichweite. Zudem bewirkt die zunehmende Professionalisierung eine "Regression" auf ein instrumentelles Verständnis des Klientels, was die Auswahl kurzfristig lösbarer Problemkreise begünstigt.

Literaturhinweise:

1. Luhmann, N.: Formen des Helfens im Wandel gesellschaftlicher Bedingungen
in: H.U. Otto/S. Schneider: Gesellschaftliche Perspektiven der Sozialarbeit
Neuwied 1973, Bd. 1, S. 21 ff

2. Iben, G.: Die Sozialpädagogik und ihre Theorie
in: Zeitschrift für Pädagogik
Weinheim, 4/1969

3. Mollenhauer, K.: Zur Bestimmung von Sozialarbeit und Sozialpädagogik in der Gegenwart
Weinheim 1966

4. Otto, H.U. / Utermann, K.: Soziale Arbeit als Beruf
München 1971

5. Pfaffenberger, H.: Sozialarbeit
in: W. Horney u.a. (Hrsg): Pädagogisches Lexikon,
Gütersloh 1970

6. Rössner, L.: Sozialarbeit
in: J. Speck / G. Wehle (Hrsg.): Handbuch pädagogischer Grundbegriffe
München 1970

7. Skiba, E.G.: Der Sozialarbeiter in der gegenwärtigen Gesellschaft
Weinheim 1969

8. Utermann, K.: Integrationstehorie und Sozialarbeit
in: G. Wurzbacher: Der Mensch als soziales und personales Wesen
Stuttgart 1968

9. Zeit, H.: Auf dem Weg zur Fachhochschule für Sozialarbeit
in: Deutsche Jugend 1969, S. 170

Begriffserklärungen

formell — (informell). Die Begriffe beziehen sich auf Gruppen, deren Zusammensetzung unterschiedliche Gründe haben kann:

formelle Gruppen sind solche, deren Zusammensetzung und Tätigkeit durch Vorschriften und gesellschaftliche Einrichtungen bestimmt ist; informelle Gruppen sind solche, die auf Grund persönlicher und emotionaler Beziehungen entstehen.

Effektivitätskontrolle (bzw. Effizienz)

Die Begriffe stammen ursprünglich aus der Physik (Mechanik) oder aus der Volks- bzw. Betriebswirtschaftslehre. Sie bezeichnen das Verhältnis von Leistung und verbrauchter Energie (bzw. ökonomischer Mittel wie Kapital, Arbeitskraft o.a.).
Strittig ist unter Sozialarbeitern insbesondere der Maßstab für Effektivität, also wo der Einsatz sozialarbeiterischer Mittel vertretbar ist und wo nicht mehr. Bei dieser Frage treffen humanitäre und volkswirtschaftliche Überlegungen aufeinander, die oft unvereinbar scheinen und den Sozialarbeiter deshalb in Entscheidungskonflikte bringen können.

Intervention (lat. dazwischentreten)

Heute geläufiger Begriff für sozialarbeiterisches Handeln. Der Sozialarbeiter tritt in das "Feld" des Klienten ein, um diesen für eine begrenzte Zeit zu "begleiten". Der Begriff soll auch andeuten, daß der Sozialarbeiter für diese Zeit zwischen den Problemen des Klienten und möglichen Lösungen steht. Das soll u.a. dazu beitragen, mit dem Klienten dessen Lösungsbarrieren leichter bearbeiten zu können.

Professionalisierung

Profession meint in Amerika, im Gegensatz zu Job, eine berufliche Tätigkeit, die

- eine besondere Ausbildung erfordert,
- in besonders dafür eingerichteten Ausbildungsstätten erfolgt,
- eine eigene Sprache,
- eigene berufsständische Normen entwickelt, deren Einhaltung von besonderen berufsständischen Kammern überwacht wird und die
- für die Gemeinschaft von Bedeutung ist.

Professionalisierung ist der Weg zu einer Profession. (Bei zunehmender Differenzierung werden die Kennzeichen für Professionalisierung in der Literatur uneinheitlicher).

2. Geistesgeschichtliche Ableitung der klassischen Methoden der Sozialarbeit

2.1. Allgemeines

Die Entwicklung von Methoden und Methodentheorien innerhalb der Sozialarbeit war von unterschiedlichen Intentionen bestimmt:

- Die Humanwissenschaften - insbesondere die Pädagogik der 20er Jahre mit ihren Vertretern NATORP und NOHL - entdeckten zunehmend die soziale Orientierung der Erziehung (aus anthropologischer Begründung) und leiteten damit eine Entwicklung ein, die sich verstärkt mit dem Menschen als "Sozialem Wesen" befaßte;
- die Praktiker fürsorgerischer Arbeit versuchten, die auf "Nächstenliebe" - und folglich überwiegend auf materieller Hilfeleistung - basierende "Hilfeleistung" durch eine Gruppe von Maßnahmen und eine Reihe von Einrichtungen zu ersetzen, die geeignet erschienen, die Ursachen individuellen Unvermögens aufzulösen.

Gemeinhin setzt man den Beginn methodischer Sozialarbeit etwa zur Jahrhundertwende an. Um diese Zeit begannen sich die zahlreichen sozialen Bemühungen kirchlicher und weltlicher Einrichtungen zu konsolidieren. Die Entwicklung einer gemeinsamen theoretischen Plattform setzte ein.

Erste Ansätze einer wissenschaftlichen Fundierung der Methoden bestanden im wesentlichen darin, daß versucht wurde, wissenschaftliche Theorien jener Zeit für den Bereich sozialer Arbeit nutzbar zu machen. Das führte Ende des 19. Jahrhunderts zunächst zu einer Abwendung von der bislang praktizierten Armenfürsorge, die überwiegend die Familie im Blick hatte. Neue Impulse gingen vor allem von den Strömungen des Individualismus und Liberalismus aus. Sie fanden in der Weise Eingang in die soziale Arbeit, daß das Interesse dem isolierten, von allen sozialen Beziehungen losgelösten Individuum zugewendet wurde. Eine theoretische Fundierung in dieser Form führte zu einer Aufsplitterung und Spezialisierung der "Fürsorge" entsprechend der sich dieser Sichtweise eröffnenden Vielfalt von Notsituationen. Diese Tendenz wurde durch neu entstandene Forschungsrichtungen, wie etwa die Psychoanalyse, noch weiter verstärkt.

In den ersten Jahrzehnten unseres Jahrhunderts wurde versucht, diese weitgehende Zersplitterung und fachliche Aufteilung der "Wohlfahrtspflege" durch Errichtung einer die ganze Familie umfassenden "Fürsorge" aufzuheben. So weisen unabhängig voneinander verschiedene Praxisbereiche sozialer Arbeit - Wohnungsinspektion, Säuglingsfürsorge, Schulpflege - kurz vor Beginn des I. Weltkrieges darauf hin, daß sich ihre Tätigkeit nur durch Kenntnis und Beeinflussung der ganzen Familie erfolgreich durchführen läßt.

Es entstand die Meinung, daß individuelle "Bedrängnis" mit einem Versagen bestimmter Leistungsbereiche der Familie zusammenhängt. Das führte zu Überlegungen, daß fürsorgerische Maßnahmen auf die Gesamtlage jener Familien abzustellen sind, der der Bedrängte angehört.

Die Forderung nach einer einheitlichen, auf die Familie ausgerichteten Fürsorge (nach BAUM), setzte sich mit der Einrichtung der Wohlfahrtsämter und der Familienfürsorge durch. Diese Einrichtungen bestehen heute noch überwiegend in derselben Form und mit denselben Aufgabenbereichen wie in ihrer Entstehungszeit.

Indessen fehlte diesen Bestrebungen die Stütze durch fundierte Ergebnisse empirischer Forschung einerseits, auf der anderen Seite waren diese Ansätze oft einseitig weltanschaulich ausgerichtet, was einen von Vorannahmen und Vorurteilen freien Zugang zu den anstehenden Problemen und die Entwicklung eines geeigneten methodischen Instrumentariums erschwerte.

Erhebliche Beiträge zur Entwicklung der Sozialarbeit leistete die Frauenbewegung, der die heutige Soziologie zu Unrecht relativ geringe Bedeutung beimißt. Für die Entwicklung der Sozialarbeit gewann die Frauenbewegung vor allem durch die Gründung der "Deutschen Akademie für soziale und pädagogische Frauenarbeit" 1905 in

Berlin durch ALICE SALAMON Bedeutung. Mit ihr setzt die Professionalisierung sozialer Arbeit ein.

Die im deutschsprachigen Raum bedeutsamen sozialpsychologischen Arbeiten von STERN / MUCHOW und BÜHLER / HETZER nahmen erheblichen Einfluß auf die Grundlegung methodischer Sozialarbeit.

Neben diesen Ansätzen waren weiterhin die "milieupädagogischen" Arbeiten BUSEMANNs von Bedeutung. Die hier genannten Ansätze kamen in der Sozialarbeit deshalb zu Bedeutung, weil sie Untersuchungsergebnisse lieferten, die in praxisbezogene methodische Arbeit umgesetzt werden konnten.

Diese Umsetzung wurde dadurch erleichtert, daß Anpassungsmängel Einzelner in die Gesellschaft als Entwicklungsmängel aufgefaßt wurden, die auf bestimmte unabhängige Grundbedingungen zurückführbar schienen. Während HETZER überwiegend außerfamiliale Bedingungen (Schichtmerkmale) einführte, so nennt BUSEMANN neben Schichtbedingungen (die bei ihm ein Merkmal des Milieus darstellen) vor allem innerfamiliale Milieubedingungen. Zu diesen gibt er Zusammenhänge zu Anpassungsschwierigkeiten Einzelner an die Gesellschaft an, die er an der Charakterentwicklung (auf der Basis der Individualpsychologie ADLERs) und Schulleistungen überprüft.

Die Mängel der genannten methodischen Konzepte bestanden im wesentlichen darin, daß zwar die Ursachen für "Fehlverhalten" in den Bedingungen der sozialen Umgebung gesucht wurden, die methodischen Ansätze eine Behebung dieser Bedingungen nicht anstrebten. Die Methodik jener Zeit beschränkte sich - auf der Basis personalistischer Theorien - auf die "Behandlung" von Individuen etwa dadurch, daß "kranke" Kinder aus der Familie genommen und in - vermeintlich pädagogisch durchdachten - Heimen untergebracht wurden, was an den verursachenden Feldbedingungen in den Familien nichts änderte.

Ein Bruch in der Entwicklung der deutschen Sozialarbeit trat mit der weitgehend unkritischen Übernahme von Theorie und Methodik des amerikanischen "social-work" vor allem nach dem II. Weltkrieg ein.

Dieser Bruch entstand einerseits dadurch, daß die angedeutete Entwicklung der deutschen Sozialarbeit durch das Dritte Reich abgebrochen wurde und wesentliche Vertreter neuerer Ansätze emigrierten (z.B. KURT LEWIN, GISELA KONOPKA). Zum anderen entstand dieser Bruch deshalb, weil dem amerikanischen System andere gesellschaftlich-historische Bedingungen zugrunde lagen. Während nämlich Sozialarbeit in den USA bereits von einem Verständnis geprägt war, bei dem nicht mehr individuelle Nächstenliebe und Behebung materieller Not im Vordergrund standen, sondern eine psycho-soziale Hilfsbedürftigkeit, so stand Sozialarbeit in Deutschland bis vor kurzem noch überwiegend unter dem Ziel der Behebung materieller Hilfsbedürftigkeit. Außerdem entstammt selbst der Begriff "social work" mehr einer mangelnden sprachlichen Differenziertheit, als daß damit eine bestimmte geistige Richtung bezeichnet wurde. Mit der Übernahme der überwiegend tiefenpsychologisch und soziologisch begründeten Arbeitsformen des amerikanischen "social-case-work" (Einzelfallhilfe), des "social-group-work" (Gruppenarbeit) und des "social-community-work" (Gemeinwesenarbeit) glaubte man eine Alternative zur europäischen Pädagogik gefunden zu haben, die in jenem pädagogischen Bezug beruhte, der im Verhältnis Mündiger und Unmündiger begründet ist.

Damit übersah man nicht nur, daß sich die "gescholtene Pädagogik" (IBEN) selbst weiterentwickelt hatte, auch die bisherigen Ansätze sozialer Arbeit in Deutschland wurden weitgehend ignoriert oder aber durch die "importierten" Theorien und Methoden in den Hintergrund gedrängt.

<u>Literaturhinweise:</u>

1. Lattke, H.: Lassen sich amerikanische Methoden der sozialen Hilfe auch bei uns anwenden? <u>in</u>: Jugendwohl 1958, S. 32 - 41

2. Scherpner, H.: Theorie der Fürsorge Göttingen 1962

3. Schiller, H.: Gruppenpädagogik als Methode der Sozialarbeit Wiesbaden 1963

Begriffserklärungen

Anpassung	(Wiedereinpassung, Integration) Anpassung: - autoplastische: das Ich paßt sich den Anforderungen der sozialen Umgebung an, ordnet sich unter; - alloplastische: das Ich paßt die soziale Umgebung seinen eigenen Bedürfnissen an. Wiedereinpassung: Vorgang, der von Isolation oder einer überstarken Unterwerfung der eigenen Person oder einer Unterdrückung anderer zur Integration führt. Integration: ausgewogenes Verhältnis von autoplastischer oder alloplastischer Anpassung.
Fürsorge	Vorläuferbegriff für Sozialarbeit. Zusammenfassung all der Maßnahmen öffentlicher oder freier Einrichtungen, die zur Linderung - in der Regel - materieller Not dienten. Mit dem Begriff Fürsorge ist auch die spezielle Abhängigkeit des Fürsorgeempfängers angesprochen, bei dem in der Praxis keine Möglichkeiten der Selbsthilfe vermutet wurden.
Milieu	(Milieutheorie) Mit Milieu wird die gesamte Umgebung (bestehend aus sozialen, soziokulturellen, sozioökonomischen, sozioökologischen Faktoren) des Menschen verstanden, die durch "latentes Lernen" die Entwicklung des Menschen stark beeinflußt.
Personalismus	(Individualismus) Eine weltanschauliche Richtung, die dem Einzelnen und seiner Entwicklung einen sehr hohen Stellenwert einräumt. Das Gegenteil dazu ist der Kollektivismus, in dem die Gemeinschaft (Gesellschaft) und ihre Entwicklung im Mittelpunkt stehen.

2.2. Die einzelnen Methoden der Sozialarbeit

2.2.1. Einzelhilfe

Das Prinzip der Sozialarbeit - Hilfe zur Selbsthilfe - läßt sich auf PESTALOZZI zurückführen. Aufbauend darauf hat die Pädagogik das Verständnis des pädagogischen Bezuges zur "helfenden Beziehung" (A. FLITNER) fortentwickelt. Diese Tendenzen hatten allerdings nur eine geringe Bedeutung für die Entwicklung der "sozialen Einzelhilfe".

Die Theorie "sozialer Einzelhilfe" ist im wesentlichen aus den aus der Psychoanalyse stammenden Therapiemodellen entwickelt worden. Dafür spricht deutlich das ihr zugrunde liegende begriffliche Instrumentarium: Anamnese, Diagnose, Behandlungsplan. Vor allem auf der Basis der Freudschen Psychoanalyse wurde die "psychologisch vertiefte Einzelfallhilfe zur eigentlichen und repräsentativen Grundmethode der Sozialarbeit" (R. BANG). Entsprechend geht die Theorie von "existenziellen Grundbedürfnissen des Menschen" aus, wobei auf der Basis der Annahme von "emotionalen Grundbedürfnissen" zwar eine "Gesamtschau der sozialen und psychologischen Gegebenheiten des Menschen" versucht werden soll, bei der es vor allem aber um die Zurückführung von Verhaltensweisen auf individuelle, innerpsychische Ursachen geht. Es wird zwar versucht, die Umwelt als Handlungsrahmen des Individuums in die Betrachtungsweise mit einzubeziehen, gleichwohl aber beabsichtigt die "case-work-Methode" über das Medium der "helfenden Beziehung" lediglich innerpsychische Veränderung im Klienten.

Die hier zugrunde liegende individualistische Sichtweise führt zu einer spezifischen Sichtweise des Verhältnisses Klient - Sozialarbeiter: Die Situation des Einzelnen, der sich in einer Situation des "Drucks" befindet, wird - auf der Basis des Persönlichkeitsmodells der dynamischen Ich-Psychologie - als eine ihn unbefriedigende Art der Anpassung und als individuell-soziale Unausgewogenheit gesehen. Wenn auch diese Problemlage auf Bedingungen der sozialen Umwelt zurückführbar ist, beabsichtigt die Methode der Einzelfallhilfe doch eine konstruktive "Wiedereinpassung" des Individuums, indem seine "emotionalen, sozialen und wirtschaftlichen Probleme durch Entfaltung der natürlichen Fähigkeiten und schöpferischen Energien", mithin durch Prozesse intrapersonaler Veränderungen, gelöst werden sollen.

Dieses Konzept unterstützt die Vorstellung, daß der Einzelne jederzeit "Herr seines Schicksals sei". Einzelhilfe müsse es deshalb dem Individuum ermöglichen, erfolgreich mit seinen Problemen fertig zu werden.

Die "psychoanalytisch" begründete Einzelhilfe wurde unter dem Einfluß des aus der amerikanischen Sozialarbeit stammenden Konzepts der psycho-sozialen Arbeit weiterentwickelt. Damit ist bereits ausgedrückt, daß das Individuum kein von seiner Umwelt losgelöstes und loslösbares Wesen ist.

Literaturhinweise:

1. Bang, R.: Psychologische und methodische Grundlagen der Einzelfallhilfe
Wiesbaden 1958

2. Kamphuis, M.: Die persönliche Hilfe in der Sozialarbeit unserer Zeit
Stuttgart 1963

3. Lattke, H.: Soziale Arbeit und Erziehung
Freiburg 1955

4. Pestalozzi, J. H.: Briefe an einen Freund über den Aufenthalt in Stans
Leipzig / Berlin 1947

Flitner, W.: Das Selbstverständnis der Erziehungswissenschaft in der Gegenwart
Heidelberg 1958

2.2.2. Soziale Gruppenarbeit

Sehr viel enger als die Einzelhilfe ist die Gruppenarbeit mit Entwicklungen der Pädagogik verbunden. Das zeigt sich bereits an Begriffen, die in der Methodengeschichte nebeneinander verwendet wurden: "Gruppenpädagogik", "sozialpädagogische Gruppenarbeit", "soziale Gruppenarbeit". Diese begrifflichen Unterschiede sind ein Merkmal für die unterschiedlichen Quellen, aus denen diese Methode der Sozialarbeit entstand.

Mit der Entstehung der Sozialpädagogik in Deutschland entwickelten sich innerhalb von pädagogischen Bewegungen Ansätze zu einer Gruppenpädagogik, und zwar innerhalb:

1. der Sozialpädagogik Pestalozzis
2. der Arbeitsschulbewegung
3. von Gruppenunterricht und Gruppenerziehung
4. der Landerziehungsheimbewegung
5. der Jugendbewegung.

Vor allem die Arbeitsschulbewegung nahm die Ergebnisse gruppenpädagogischer Forschungen auf und versuchte sie für ihren Bereich auszuwerten. So hat LOCHNER 1927 - noch bevor diese Technik in die amerikanische Sozialarbeit eingegangen war - die Soziometrie zur Sozialdiagnose der Schulklasse verwendet. Allerdings blieben diese Ansätze auf den Rahmen der Schule beschränkt.

Von starkem Einfluß auf die außerschulische Gruppenpädagogik waren die Jugendbewegung und die sozialpädagogischen Ansätze Pestalozzis. PESTALOZZI betonte mit seiner "Wohnstubenerziehung" die Vorzüge der häuslichen Erziehung. Er hebt das Gewicht familiärer Einflüsse bei der Entwicklung der Kinder hervor; die "Gruppenerziehung" in der Familie stellt PESTALOZZI in den Dienst einer "Volkserziehung".

Die Jugendbewegung entdeckte die Gruppe als Erlebnisfeld "echter natürlicher Gemeinschaft". Die pädagogische Bedeutung der Gruppe wurde vor allem darin gesehen, daß sie eine "menschenformende, in weitestem Sinn pädagogische Kraft" ausübe.

Überwiegend spontan - und so alles andere als methodisch durchdacht oder beruflich fundiert - entstanden eine Reihe von Gruppierungen unterschiedlichster geistiger Richtungen und mit den verschiedenartigsten Betätigungsfeldern. Die Bedeutung der Jugendbewegung für die Entwicklung der Gruppenpädagogik in Deutschland war nicht gering. Sie übt noch heute eine starke Wirkung auf die gesamte deutsche Sozialarbeit aus (Jugendarbeit).

Die Jugendbewegung stärkte den Glauben an den besonderen erzieherischen Wert der Gruppe und beeinflußte damit bis dahin speziell fürsorgerische Bereiche, wie: Fürsorgeerziehungsheime, Strafanstalten, Bewährungshilfe.

Das amerikanische "social-group-work" nahm seinen Ausgang von einer ähnlichen Grundhaltung. Zwar entstammen die Ansätze der "progressive education" (DEWEY und KILPATRICK) der Schulpädagogik, so waren diese doch von größerem Einfluß auf die Sozialarbeit als etwa die vergleichbaren Ansätze in Deutschland.

Der amerikanische Pragmatismus (DEWEY) geht von der Bedeutung des "social environment" aus. Schule wird der Ort der Einübung sozialer Partnerschaft. Die daraus abgeleitete Bedeutung der Gruppe für die Erziehung des Menschen beeinflußte auch die deutsche Gruppenpädagogik. Der pragmatische Grundsatz "learning by doing" fand Eingang in die Arbeitsschulbewegung. Mit der Forderung nach Erziehung zu sozialer Verantwortung steht der amerikanische Pragmatismus auf derselben gedanklichen Grundlage wie PESTALOZZI.

Mit der Entwicklung der Gruppendynamik durch LEWIN und der Gestaltpsychologie durch WERTHEIMER trat zu dem pragmatisch-sozialerzieherischen Aspekt des "group-work" der therapeutische. Folglich widmeten zunehmend Sozialpsychologie, Soziologie und Anthropologie ihr wissenschaftliches Interesse der "kleinen Gruppe" als Untersuchungsobjekt.

Wenn auch Versuche nahelagen, soziale Arbeit aus ihrer caritativen Tradition heraus christlich-philosophisch zu fundieren, setzte sich der empirisch-pragmatische Trend verstärkt durch. Die Methode des "social-group-work" geht vor allem davon aus, daß der Einzelne in einem Geflecht von sozialen Beziehungen lebt. Er lebt nicht als isoliertes Individuum, sondern er gehört sozialen Gruppen an. Diese Gruppenbeziehungen stellen für den Einzelnen wesentliche Formungskräfte dar. Insofern entwickelt die Gruppenarbeit die Vorstellung, daß sie einen Beitrag zur Entwicklung des Einzelnen und zur Erreichung wünschenswerter Ziele leisten kann. Mit der Kategorie "wünschenswerter Ziele" ist ein geistesgeschichtlicher Zusammenhang zur "verstehenden Soziologie" gegeben (THOMAS; V. WIESE: vier soziale Wünsche nach: Sicherheit, Anerkennung, Erwiederung und nach neuen Erfahrungen, die als analytische Kategorien in die Sozialarbeit eingegangen sind).

Insofern wird Gruppe als Medium betrachtet, durch das das Individuum persönliche und soziale Befriedigung erlangen kann, weil so soziale Normen gelernt und verändert werden können. Der enge Zusammenhang zwischen Individuum-Gruppe-Gesellschaft besteht dann weiter darin, daß die Gesellschaft die soziale Kontrolle des Individuums über Gruppen ausübt und daß auf diese Weise Sitten, Gebräuche, Werte und Normen übermittelt werden. Daraus entstand innerhalb der Pädagogik die Vorstellung einer "erzieherischen Sozialordnung" (W. FLITNER), die davon ausgeht, daß "social environment" über die Zugehörigkeit des Individuums zu verschiedenen Gruppen Einfluß auf dessen soziale Anpassung nimmt. Erziehung kann als "Prozeß des Hinführens zu zwischenmenschlicher Anpassung" gesehen werden. Die "erzieherische Sozialordnung" stellt sich als eine Reihe von sozialen Gebilden dar, "welche erziehen und für die erzogen wird und die zugleich die Substanz hergeben, in welcher erzogen wird".

Die geistesgeschichtliche Entwicklung der "Gruppenarbeit" war im besonderen von den unterschiedlichen Theorien zur Beschreibung des Verhältnisses Individuum - (Gruppe) - Gesellschaft bestimmt. Dabei waren zwei Richtungen von Bedeutung:

- eine Richtung, die das Verhältnis Individuum - Gesellschaft (Gruppe) eher gegensätzlich sah (Individuum wird zwar von sozialer Umgebung beeinflußt, ist aber auch ohne Gruppe verwirklicht);

- eine zweite Richtung, die Zugehörigkeit des Individuums zu Gruppen zur Voraussetzung der Entfaltung "voller Menschlichkeit" macht (etwa KONOPKA).

Beide Richtungen haben unterschiedlichen Einfluß auf die Entwicklung der "Gruppenarbeit" genommen. Das bezog sich vor allem auf die Heranziehung theoretischer Grundlagen (psychoanalytische - sozialpsychologische/soziologische).

Literaturhinweise:

1.	Dewey, J.:	Demokratie und Erziehung Berlin 1949
2.	Kaiser, C.:	The Social Group Work Process Social Work Vol. 2 4/1958
3.	Kerschensteiner, G.:	Der Begriff der Arbeitsschule München 1953, 10. Auflage
4.	Lattke, H.:	Sozialpädagogische Gruppenarbeit Freiburg 1962
5.	Lewin, K.:	Die Lösung sozialer Konflikte Bad Nauheim 1953
6.	Pestalozzi, J. H.:	Arners Gesetzgebung in: Sämtliche Werke (Hrsg. G. Stecher) Bd. IV, Berlin / Leipzig 1929
7.	Wertheimer, M.:	Drei Abhandlungen zur Gestalttheorie

Begriffserklärungen

Arbeitsschulbewegung	Die Arbeitsschule betont die Selbsttätigkeit und Aktivität des Schülers. Wenngleich bei der schulreformatorischen Bewegung zunächst der unmittelbare Nutzen der Aufnahme der "Handarbeit" in den Lehrplan im Vordergrund stand, so setzte sich später die Auffassung eines eigenen didaktischen Wertes der praktischen Arbeit durch (KERSCHENSTEINER). Derzeit wird - ausgehend von Erfahrungen in sozialistischen Ländern - der "polytechnische Unterricht" neu diskutiert.
Jugendbewegung	Jugendbewegung versteht sich selbst als Reaktion auf die spätbürgerliche Lebenspraxis. Sie versucht dagegen jugendgemäßes Leben in besonderen Lebens- und Erziehungsgemeinschaften zu setzen (Jugendkultur, Jugendgruppenbewegung).
social environment	Der Begriff wurde von der amerikanischen Pädagogik der 20er Jahre dieses Jahrhunderts (Pragmatismus) als Sammelbegriff für alle die Faktoren der sozialen Umgebung geprägt, die "Erziehung" (Prozeß und Ziele) beeinflussen (J. DEWEY) (siehe Milieu).
Soziometrie	Psychologisches Testverfahren zur Messung sozialer Beziehungen (Soziogramm). Beziehungswünsche sind ein Indiz für Hierarchien und Untergruppenbildungen in Gruppen (J. MORENO).

2.2.3. Soziale Gemeinwesenarbeit

Gemeinwesenarbeit geht als Methode der Sozialarbeit im besonderen auf die Demokratismusideologie amerikanischer Prägung zurück (new-settings, Selbstbestimmungsmodelle). Behebung sozialer Mißstände innerhalb von Gemeinden (oder Gesellschaften) sollte über planvolle Koordinierung der Arbeit von Fürsorgeeinrichtungen geschehen. Insofern waren die Ansätze von Gemeinwesenarbeit zunächst auf Kooperation bestehender Einrichtungen zur Behebung erkannter sozialer Notsituationen ausgerichtet.

Erst in konsequenter Fortentwicklung der sozialen Reformbewegungen des 19. Jahrhunderts in den USA entwickelte sich der Anspruch der Gemeinwesenarbeit, Bedürfnisse und deren soziale Bedingtheit "erkennbar" und damit "behandelbar" zu machen.

Folglich waren für die Gemeinwesenarbeit die vorhandenen Theorien häufig unzureichend. Das bedeutet, daß die Theoriegeschichte der Gemeinwesenarbeit relativ kurz ist. Erst mit neueren Theorien der "Intergruppenprozesse" (NEWSTETTER) konnten geeignete theoretische Konzepte für die Entwicklung einer Gesellschaft für den Menschen entwickelt werden.

Das der Methodik sozialer Arbeit bislang zugrunde liegende Bild des "Individuums in sozialen Beziehungen" wird umgekehrt in ein "Bild der Gesellschaft für den Menschen". Das Interesse wendet sich vom Individuum ab und dem "soziokulturellen Klima der Gesellschaft" zu. Man beginnt sich zu fragen, wie denn die Gesellschaft zum Wohle des Menschen funktioniert bzw. funktionieren soll.

Die Ansätze der Gemeinwesenarbeit blieben ihrerseits nicht ohne Folgen für die Sozialarbeit selbst. Für sie wurde es unerläßlich, neue Formen der Arbeit an der Gesellschaft zu entwickeln, die sich vor allem mit der sozialen Ausrüstung der Gesellschaft und mit dem Ganzen zwischenmenschlicher Beziehungen befaßt. Gerade wenn aber das Ziel verfochten wird, Gesellschaft "lebbar" zu machen, impliziert dies eine Auflösung des aus der Anthropologie stammenden komplementären Begriffspaares Mensch und Gesellschaft in einer Weise, die zumindest den Begriff Gesellschaft objektivierbar und somit Gesellschaft als soziale Realität gestaltbar macht. Das macht aber auch ein Überdenken des Begriffs der "Notlage"erforderlich. Wenn sich verstärkt die Erkenntnis durchsetzt, daß für das Entstehen von "Druck-Situationen" das soziokulturelle Milieu von großer Bedeutung ist, so ist dies eben soziogen als Störung des Gleichgewichts im Verhältnis des Menschen zu seiner soziokulturellen Umgebung zu begreifen. So fundierte Gemeinwesenarbeit wird dann - auf der Basis operationalisierbarer Indikatoren - zu einer Methode der Beeinflussung der soziokulturellen Umgebung des Menschen.

Diese Überlegungen widerlegen Tendenzen, die versuchten, Gemeinwesenarbeit auf eine Nachbarschaftsideologie zu gründen.

Für deutsche Verhältnisse ist allerdings zu berücksichtigen, daß ein "Gemeindesinn" vergleichsweise noch wenig entwickelt ist und daß - wegen der Tendenz, daß hier familiäre, individualisierende Privatheit und eine von "oben" her institutionalisierte Öffentlichkeit polar auseinandertreten - die Beteiligung an öffentlichen Angelegenheiten relativ gering ist.

Literaturhinweise:

1. Fink, E. A.: The Field of Social Work New York 1942

2. Ross, M.: Community Organisation Theory and Principles New York 1955

3. Schulze, A.: Wandlungen der amerikanischen Sozialarbeit in: Soziale Arbeit 4/1971

Begriffserklärungen

Indikator	Anzeiger, Hinweis für das Vorhandensein bestimmter Zustände (z.B. depressive Verstimmung, emotionale Spannung) oder Elemente oder ihre Beziehungen. Indikatoren erlauben Schlüsse auf unmittelbar nicht feststellbare Variablen (z.B. für Leistungsmotivation)
operationalisieren	Eine aus der Physik stammende wissenschaftliche Doktrin, die zunehmend auch in den Humanwissenschaften Platz greift (z.B. in der Pädagogik: Operationalisierung von Lernzielen). Operationalisieren fordert, daß alle Begriffe, Beziehungen zwischen Begriffen oder Theorien nur dann sinnvoll sind, wenn in ihre Definition die Verfahren (Operationen) mit eingehen, unter denen die betreffenden Vorgänge oder Zustände beobachtet bzw. sichtbar gemacht werden können.
soziogen	von der "Sozietät" verursacht; in der Tatsache begründet, daß der Mensch von anderen (zumindest am Beginn seines Lebens) existenziell abhängig ist. "Sozietät" ist die Gesamtheit der mittelbar oder unmittelbar erlebten engeren oder weiteren sozialen Umwelt (siehe auch "social environment", "Milieu").

3. Ziele methodischen Handelns

Wir waren davon ausgegangen, daß Sozialarbeit beruflicher Vollzug einer für die Gesellschaft nötigen Aufgabenstellung ist. Dieser berufliche Vollzug basiert auf verschiedenen Wertsystemen (z.B. auf christlichen, humanistischen, sozialistischen). Diese Wertsysteme führen zu:

- beruflichen Haltungen
  (z.B. Achtung vor der Individualität und der Würde des Menschen: Offenheit und Verschwiegenheit, Partnerschaft, positive Erwartung, Vorurteilslosigkeit oder Vorrangigkeit der menschlichen Gemeinschaft: Einordnungsbereitschaft, Selbstkritik)

- allgemeinen beruflichen Prinzipien
  (Akzeptieren, Individualisieren, Prinzip der Selbstbestimmung und Selbstverantwortung, Beachtung der objektiven und subjektiven Realitäten des Betroffenen, Möglichkeiten geben, sich abzureagieren.

Wertsysteme finden in Gesellschaften pragmatischen Ausdruck in Grunderwartungen, etwa: Grad der Beharrung oder der Veränderbarkeit des Systems, Grad der Bewertung von Gemeinschaft (Kollektivismus) oder des Individuums (Individualismus). Je nach der Gewichtung, die durch die gesellschaftlichen Grunderwartungen zum Ausdruck kommt, entwickelt Sozialarbeit Konzepte für ihre Zielorientierung:

- eher Anpassung des einzelnen oder Lockerung des sozialen Systems,

- eher verwaltende Interventionen ("alle sind vor dem Gesetz gleich") oder eher schöpferisch-individuelle Interventionen.

Entsprechend diesen grundlegenden Zielorientierungen wird in den jeweiligen Gesellschaften Sozialarbeit eher von öffentlichen oder privaten Trägern geleistet.

Prinzipiell gilt, daß das Wertsystem meines "Gegenüber" (im beruflichen Vollzug: Einzelne, Gruppen oder Gemeinwesen) nicht dem meinen entsprechen muß. Bestehende Differenzen können unter Umständen die Zusammenarbeit im Rahmen der Sozialarbeit ausschliessen.

Beharrung des sozialen Systems

Vorrangigkeit des Wertes "Individuum"	eher: "Nächstenliebe" caritative Hilfe	eher: "Armenpolizei" ordnende Verwaltung	Vorrangigkeit des Wertes "Gemeinschaft"
	eher: "Verwandtenhilfe" u. U. keine Hilfe	eher: "Umschulung" d. Abweichenden	

(Diese Entwicklung geht in Richtung Auflösung der Gesellschaft)

Veränderung des sozialen Systems

Abb. 3 Schema des Verhältnisses von gesellschaftlichen Grunderwartungen und Formen ausgeübter sozialer Arbeit:

Die aus den gesellschaftlichen Grunderwartungen sich ergebenden Formen "ausgeübter Sozialarbeit" sind aus der jeweiligen Art ihrer Vollzüge ablesbar.

Berufliches Handeln in der Sozialarbeit wird durch eine berufsbezogene Qualifikation (Ausbildung) vermittelt. Hierzu werden Ergebnisse von Analysen und Einschätzungen des Berufsfeldes, seiner Elemente und Beziehungen herangezogen, die deduktiv oder induktiv Ziele, Mittel und Techniken, Wege (Methoden) und Objekte/Subjekte miteinander in Beziehung bringen.

Zwei Beispiele, denen das gleiche Leitziel ("Mündiger Bürger") und dieselben "Gegenstände" der Arbeit zugrunde liegen, sollen dies erläutern:

Grobziel:

größerer Grad an Selbstorganisation der Bewohner einer Notunterkunftsanlage

a) deduktiv:

- die Objekte des beruflichen Handelns sind die Benützer dieser Anlage
- die Methode: das Ziel soll durch Informationen über einschlägige Rechte und Vorbilder aus anderen Städten erreicht werden
- die Mittel: Vorträge durch qualifizierte Mitarbeiter der Verwaltung
- Techniken: spezielle Formen der Einladung, Verwendung von Filmen und Dias innerhalb der Vorträge, Vortrags- und Redetechniken allgemein;

b) induktiv:

- die Methode: das Ziel kann erreicht werden durch "Leben mit den Bewohnern", die dadurch zu Subjekten werden
- Mittel: "Dabei-Sein" des (der) Sozialarbeiter, Gespräche, Kontakte mit einzelnen und Gruppierungen, Informationen über rechtliche Möglichkeiten, wo nötig und wann angebracht.

Sowohl das Beispiel als auch die Ableitungen davon wurden aus einer Vielzahl von Alternativen ausgewählt. Gerade die Vielzahl von Möglichkeiten beruflichen Handelns in einem konkreten Fall macht die Problematik methodischen Vorgehens aus (vgl. BÄUERLE).

Methodisches Handeln bedeutet von daher für die Sozialarbeit: es besteht ein systematischer Bezug zwischen dem Ausgangspunkt und dem Ziel einer Entwicklung, und der Sozialarbeiter hat nach unserer Auffassung die Aufgabe, behilflich zu sein bei der Erstellung der Diagnose, bei der Bestimmung des Zielbereiches und bei der Auswahl und der Beschaffung nötiger Mittel.

3.1. Modell methodischer Sozialarbeit

Der Zielaspekt ist im Methodenbegriff bereits unmittelbar enthalten (griechisch: methodos, Verfahren, Weg zu etwas). Innerhalb der Sozialarbeit ist eine lineare Zuordnung von Ausgangspunkt (A) und Ziel (Z) nicht möglich:

A ------------------- Z

Anamnese
Diagnose
Problem - methodische Arbeit - Problemlösung

Da im Bereich sozialer Interaktionen keine strengen Ursache-Wirkungs-Modelle nachweisbar sind, kann auch jedes gedachte Ziel auf verschiedenen Wegen erreicht werden. Die Zahl der denkbaren Möglichkeiten verringert sich bereits bei der Ausführung des ersten Schrittes, der seinerseits den nächsten vorherbestimmt.

Der systematische Bezug ist meist nur idealtypisch direkt. Durch zahlreiche Einflußfaktoren verändern sich oftmals Richtung und Intensität dieses Bezuges. Der "Weg" kann sich auf ein Zwischenziel hin verkürzen, oder ein anderes Ziel wird möglich oder nötig. Methodisches Handeln verhindert, daß dieser Weg zu früh abgebrochen wird, oder daß er im Kreis verläuft.

Ausgangssituation (A), methodischer Interventionsprozeß (IP) und Zielbereich (Z) stehen in einem mehrdimensionalen Zusammenhang:

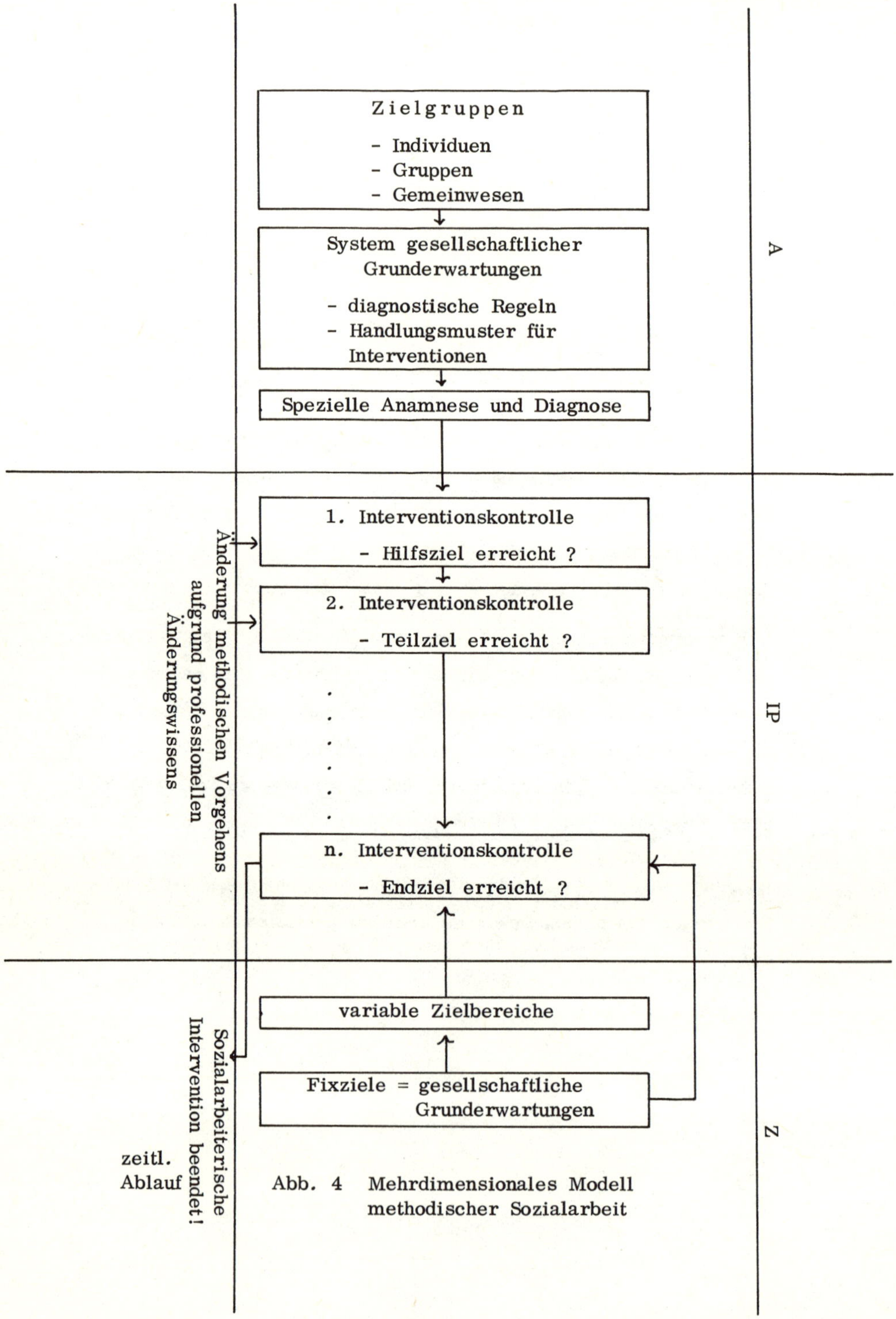

Abb. 4 Mehrdimensionales Modell methodischer Sozialarbeit

3.2. Herkunftsbereiche für Ziele

1: Klient und / oder seine Umgebung

2: einzelner Sozialpädagoge und / oder sein Berufsstand

3: Klientengruppe

4: Organisation / Träger der sozialen Gruppenarbeit

5: Gesellschaft

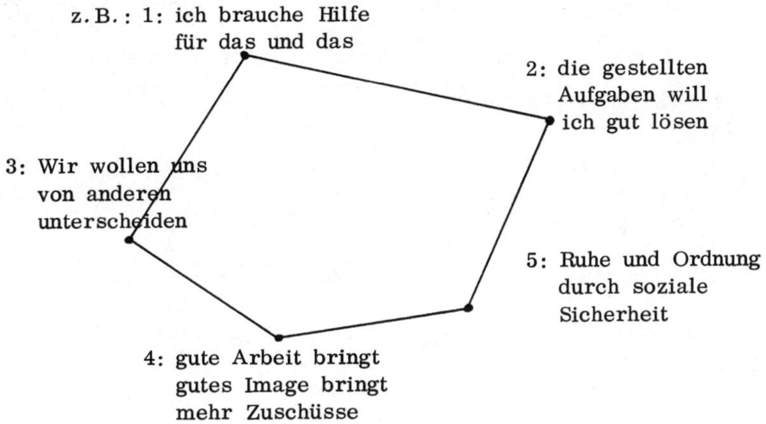

Abb. 5 Zusammenhang der Zielbereiche
- Beispiele abweichender Zielvorstellungen

Unterscheidung von Zielen in der Arbeit

- offizielle und "eigentliche" Ziele (s. auch 5.3.1.)
- Nah- und Fernziele (s. auch 5.3.2.)
- Teil- und Hauptziele (s. auch 5.3.4.)
- Hilfsziele (s. auch 5.3.4.)
- allgemeine und spezielle Ziele (s. auch 5.3.5.)

Für erfolgreiches methodisches Arbeiten ist ständige Interventionskontrolle erforderlich. Wesentlich ist, daß der Sozialarbeiter erkennen kann, wann das Ziel seiner Arbeit erreicht und folglich die sozialarbeiterische Intervention beendet ist.

Zusammenfassung

Im Blick auf die Zielproblematik sozialarbeiterischen Handelns macht sich die Tatsache, daß die Sozialarbeit "reaktiv" ist, besonders bemerkbar.

Ziele sind abhängig von gesellschaftlichen Grunderwartungen, die bis in den Bereich spezieller Diagnosen und Anamnesen hineinwirken und so das "Entdeckungshandeln" der Sozialarbeit beeinflussen.

Der methodische Arbeitsprozeß ist auf ständige Interventions-(Erfolgs-)kontrolle angewiesen.

Literaturhinweise:

1. Bäuerle, W.: Soziale Intervention unter Systemzwang-Aspekte der Entwicklung in Theorie und Technologie der Sozialarbeit und Sozialpädagogik <u>in</u>: Theorie und Praxis der Sozialen Arbeit 8/73, S. 282

2. Kaminski, G. Verhaltenstheorie und Verhaltensmodifikation Stuttgart 1970

3. Konopka, G.: E. C. Lindemann and Social Work Philosophy Minneapolis 1958

Begriffserklärungen

Deduktion	Ableitung einer Aussage zu einer besonderen Situation aus allgemeinen Aussagen, z.B. Theorien; vom Allgemeinen ausgehend
Induktion	Herleitung von allgemeinen Aussagen aus Einzelfällen; vom einzelnen ausgehend; empirisches Verfahren

4. Mittel methodischen Handelns

Mittel werden eingesetzt, um ein Ziel zu erreichen. Eine Auswahl der Mittel ist daher zunächst abhängig von den Zielen, die in unserem Fall durch die Sozialarbeit erreicht werden sollen. Der Ausdruck "durch die Sozialarbeit" weist darauf hin, daß die Institution Sozialarbeit selbst ein Mittel ist, mit dessen Einsatz bestimmte gesellschaftliche Zustände hergestellt oder bewahrt werden sollen. Jedoch ist diese Abhängigkeit relativ, denn vielfach entscheiden die vorhandenen oder zugebilligten Mittel über die Auswahl der <u>möglichen</u>, aus der Gesamtheit der <u>nötigen</u> Ziele. In gleicher Wechselwirkung stehen Mittel und Methode; ebenso Mittel und vermittelndes Subjekt (hier: Sozialarbeiter).

Sozialarbeit ist primär eine Beziehung zwischen Personen, ein soziales Geschehen. Die bedeutendsten Mittel in diesem Geschehen sind deshalb menschliche, personale Umgangsformen, die in jeweils unterschiedliche Rahmenbedingungen eingebettet sind. Dabei sind drei Komplexe von Mitteln zu unterscheiden:

- die Mittel des Sozialarbeiters
- die Mittel des Klienten
- die Mittel der übrigen Gesellschaft.

4.1. Die Mittel des Sozialarbeiters

Sie liegen im wesentlichen in seiner Person:

Verhalten

Hierzu gehört nicht nur die Vielfalt beobachtbaren Verhaltens, sondern auch das Denken und Fühlen des Einzelnen; nicht nur das manifeste Verhalten, sondern auch latente Verhaltensmöglichkeiten, z. B. Beziehungen aufbauen, sich einfühlen können. (Zum beruflichen Verhalten des Sozialarbeiters gehören die berufsbezogenen Fertigkeiten und Techniken, z.B. das Erstellen psychosozialer Diagnosen, spezifische Formen der Gesprächsführung, der Umgang mit Formularen u.a.)

W i s s e n

Bedingungswissen sagt etwas aus über die Bedingungen, die ein bestimmtes Verhalten entstehen ließen und es aufrechterhalten. Die Bedingungen können im Verhalten selbst (Funktionswert) im Individuum oder in seiner Umwelt liegen. Bedingungswissen wird meist in Form von Theorien dargestellt. Für die Sozialarbeit sind Tiefenpsychologie und Rollentheorien, in neuerer Zeit verstärkt der Behaviorismus und der symbolische Interaktionismus von Bedeutung.

Das Änderungswissen geht spezifisch auf die Frage nach dem jeweils zu verändernden Verhalten (auch Einstellungen usw.) ein und bietet eine Palette von Interventionsmöglichkeiten an (z.B. verschiedene Methoden und Techniken, juristische und verwaltungstechnische Kenntnisse im Bereich der Gestaltung sozialer Beziehungen), von denen in einem Entscheidungsprozeß (s. Diagnose) die jeweils bestgeeigneten ausgewählt werden müssen ("bestgeeignet" bedeutet hier das Ergebnis einer Verrechnung aller vorhandenen Daten, nicht die Wunschvorstellung, was möglich wäre, wenn nicht dieses und jenes ...).

Kompetenzwissen weist auf die Reichweite des Handelns die Zuständigkeit des Sozialarbeiters hin:
Was kann ich hier tun - was darf ich hier tun - was will ich hier tun - wieweit reicht tatsächlich mein Einfluß? Wenn ich nicht kompetent bin, wer ist es dann - an wen und wie soll die Übergabe bewerkstelligt werden?

W e r t s y s t e m

Mittel werden eingesetzt, um ein Ziel zu erreichen. Diese Beziehung sagt nichts aus über die Qualität der Mittel, des Beeinflussungsprozesses und des Zieles. Alle Mittel, die der Sozialarbeit zur Verfügung stehen, können so eingesetzt werden, daß Ziele erreicht werden, die der Klient - könnte er sich "bewußt" damit auseinandersetzen - nie anstreben würde. Daß alltäglich Versuche gemacht werden, derart steuernd auf den Klienten einzuwirken, läßt sich daran erkennen, daß "trotz aller guten Vorschläge ... der Klient immer wieder vergißt, zu ... und einfach nicht dazu kommt ...".

Auch wenn der Klient im nachhinein im Anschluß an eine nachdrückliche Behandlung äußert, er sei dankbar für das energische Vorgehen des Sozialarbeiters, ist noch nichts darüber ausgesagt, ob die beste aller Möglichkeiten erarbeitet wurde oder eine gelungene Anpassungsleistung vorliegt oder Verzicht rationalisiert wurde. (Wir haben bei Individuum und Gesellschaft auf die gesellschaftsnotwendige Einengung des individuellen Spielraums hingewiesen, gleichermaßen bleibt die gesellschaftliche Wertvorstellung von der gleichen Chance eines jeden Individuums zur Verwirklichung seines Lebensstils bestehen: Wieviele "Arbeitsscheue" verträgt eine Gesellschaft?)

Wertsystem bedeutet somit das System von Normen, Werten, Idealen, Hoffnungen und Ängsten einer Gesellschaft und ihrer Mitglieder, die individuell als "Gewissen" und "Ideale", gesellschaftlich als Normencodices, Moral und (Berufs-)Ethos repräsentiert sind.

Soziale Beziehungen

- berufliche Beziehungen
- innerhalb der Sozialarbeit (über-, unter- und nebengeordnet: Sozialarbeiter, Verwaltungsmitarbeiter, Psychologen, Ärzte, Juristen),
- innerhalb eines Trägers, zwischen verschiedenen Trägern mit gleichen oder unterschiedlichen Aufgabenschwerpunkten, - außerhalb der Sozialarbeit (Betriebe, Behörden, Umfeld des Klienten)
- private Beziehungen können zum Teil identisch sein mit den beruflichen Beziehungen, können diese stören, aber auch beruflich eingesetzt werden.

Materielle Grundlagen

Verfügungsgewalt oder Information über den Zugang zu materiellen Hilfsmitteln wie: Geld, Naturalien, Wohnraum, Hilfskräfte u. a.

4.2. Besondere Mittel des Sozialarbeiters

4.2.1. Interaktionsverhalten des Sozialarbeiters

Der Sozialarbeiter handelt in "gesellschaftlichem Auftrag". Dieser Auftrag gibt dem Handeln des Sozialarbeiters Ziel und Inhalt, und er belohnt es durch die Aufrechterhaltung des Auftrages (der Sozialarbeiter bleibt beschäftigt) und aller damit zusammenhängenden Vergütungen.

Der gesellschaftliche Auftrag legt eine Interaktionsform nahe, die daran interessiert ist, schwerpunktmäßig die Probleme des Klienten bei ihrem Auftreten zu lösen. Der Sozialarbeiter verfügt über die Kenntnisse und Fähigkeiten, die zu einer bestimmten Lösung des Problemes des Klienten benötigt werden. Er kann dem Klienten mitteilen, was wie wo wann (und nur selten warum) zu machen ist. Der Klient ist Empfänger von Weisungen, Ratschlägen, seine Möglichkeiten, sie abzulehnen, sind beschränkt.

Sein Auftrag enthält für den Sozialarbeiter auch Inhalte, die von der Gesellschaft oder ihren Repräsentanten aus Politik, öffentlicher Meinung und Interessengruppen nicht genau beschrieben wurden, obwohl sie von großer Bedeutung sind, wie z.B. "Emanzipation", ohne daß gesagt wird, wovon und wieweit; "Mündigkeit", ohne daß auf Einschränkungen ("Selbstbeschränkung") hingewiesen wird usw. Die teilweise Offenheit der Aufgabenstellung gibt dem Sozialarbeiter die Möglichkeit, die Inhalte seiner Arbeit eher in seinem Sinne zu definieren, ohne damit gegen den Auftrag zu verstoßen. Dies ermöglicht ihm, zugunsten des Klienten stärker subjektorientiert zu arbeiten. Probleme werden nicht fallweise bearbeitet, sondern auch im Zusammenhang mit der Lebensgeschichte und den Lebensumständen, wie sie sich für den Klienten darstellen.

Ein klassisches Beispiel für diese Form der Arbeit ist die von ROGERS aus seinen Erfahrungen in der Sozialarbeit entwickelte Methode des "Klientzentrierten (früher: "Nondirektiven) Gespräches". Das Grundprinzip dieser Methode ist, daß der Klient selbst in einer besonderen Weise kompetent für die Lösung seines Problemes ist. Er allein kennt es in seinen Verästelungen und kann sich diese bewußt machen, und er kann auch die Konsequenzen, die einzelne Lösungsmöglichkeiten für ihn in seiner Umgebung haben, am zuverlässigsten abschätzen.

Von persönlichen Vorlieben des Sozialarbeiters einmal abgesehen, können beide Ansätze, der problemorientierte und der subjektorientierte, in ein und derselben Beziehung Klient - Sozialarbeiter zum Tragen kommen.

Wenn das Anliegen des Klienten nicht tatsächlich dadurch angemessen bearbeitet werden kann, daß der Sozialarbeiter die nötigen Informationen gibt, können folgende Leitfragen hilfreich sein, die Entscheidung zwischen problemorientiertem und subjektorientiertem Ansatz zu fällen:

	Problem-orientierter Ansatz, eher geeignet bei Alternative	Subjekt-orientierter Ansatz, eher geeignet bei Alternative
- Sind Sie eher an der sachlichen Lösung von Problemen (Alternative 1) oder eher an tragenden persönlichen Beziehungen im Verhältnis Klient-Sozialarbeiter (Alternative 2) interessiert?	1	2
- Bei der Arbeit an der Schwierigkeit des Klienten spielt für Sie dessen emotionale Betroffenheit eine ausschlaggebende (1) oder eine geringere Rolle (2)?	2	1
- Für den Träger Ihrer Arbeit spielt die Formel Erfolg der sozialen Arbeit $= \frac{\text{Zeit x Personal}}{\text{Zahl der Klienten}}$ eher eine große Rolle (1) oder eher keine Rolle (2)?	1	2

	Problemorientierter Ansatz, eher geeignet bei Alternative	Subjektorientierter Ansatz, eher geeignet bei Alternative
- Es gilt, daß die Kompetenz für die Lösung der Probleme primär beim Klienten (1) oder beim Sozialarbeiter bzw. dem Träger der sozialen Arbeit liegt (2).	2	1
- Der Klient ist grundsätzlich bereit (1) oder nicht bereit (2), über seine persönliche Sphäre zu sprechen.	2	1
- Der Klient ist grundsätzlich in der Lage (1) oder nicht in der Lage (2), Gefühle und Gedanken, die mit dem Problem zusammenhängen, zu äussern und selbständig Lösungsmöglichkeiten zu erwägen.	2	1

In diesen Aussagen sind keine Wertungen und Gewichtungen enthalten, es handelt sich auch nicht um einen objektiv beantwortbaren Fragebogen. Sie können demnach nur eine erste Einschätzung treffen, ob im jeweiligen Einzelfall eher eine problemorientierte oder eher eine subjektorientierte Vorgehensweise naheliegend ist.

Das "Stützen" des Klienten

Für eine Vielzahl von Klienten ist der (Erst-)Kontakt mit einer Einrichtung der Sozialarbeit eine Schwellensituation, die mit Verhaltensunsicherheit, Identitätszweifeln und Konsequenzunklarheiten verbunden ist. Diese Gefühle aktivieren im Klienten oftmals Verhaltensmuster, die er früher in ähnlichen Lagen gezeigt hat. Diese Situationen waren z.B. dadurch gekennzeichnet, daß sich der Klient hilflos erlebt hat, an dieser Hilflosigkeit selbst jedoch nicht ganz unbeteiligt war, daß er womöglich in eine Angelegenheit verwickelt worden war, die von anderen mißbilligt wurde. Er erwartet sich von anderen direkte oder indirekte Unterstützung bei der Lösung seiner Schwierigkeiten, er hofft, daß seine Interpretation seiner derzeitigen Lage als die wahre angesehen wird, er erwartet, daß er gegenüber anderen in Schutz genommen wird. Diese Erwartungen und Hoffnungen sollen ihm helfen, seine bisherige Identität zu wahren. Dies ist solange nötig, bis er gelernt hat, daß er in der Zusammenarbeit mit dem Sozialarbeiter keinen Gesichtsverlust erleidet, wenn er zugibt, Fehler gemacht zu haben, nicht mehr weiter zu wissen usw.

Der Erwerb dieser Sicherheit kann allerdings lange Zeit in Anspruch nehmen, in der der Klient ohne wesentliche (subjektiv!) Ausnahme erfahren muß, auch mit seinen Fehlern und Schwächen angenommen zu sein.

Stützen heißt in unserem Fall, dem Klienten emotional benötigte Hilfestellung zu gewähren, um ihm zu helfen, das Positive seines Selbstbildes gegenüber seinem Problem oder gegenüber anderen zu bewahren. Das kann bedeuten, mit ihm zusammen eine Behörde aufzusuchen; ihm zu sagen, daß seine Lage nicht so hoffnungslos sei, wie er sie sehe; ihn in einer Gruppe von Klienten tatsächlich in Schutz zu nehmen trotz der möglicherweise zu erwartenden Übertragung der Geschwisterproblematik. Stützen als Mittel der Sozialarbeit impliziert aber, daß dieses Mittel durch die Sozialarbeit selbst, durch ihr methodisches Arbeiten unnötig wird: Der Klient konnte für sich eine neue Identität aufbauen, er hat gelernt, seine Probleme zu lösen.

Für manche Sozialarbeiter hat "Stützen" des Klienten einen bedeutenden Funktionswert für die eigene Identität. Diese Kollegen bedürfen der Hilflosigkeit des Klienten als Berechtigung für die eigene, nicht nur berufliche Existenz. Sie können den Klienten nicht loslassen: Resignation, Unterwerfung und Anpassung oder Widerstand und Ablehnung durch den Klienten sind die Folgen, die dann oft nicht auf diesen Zusammenhang bezogen werden können.

Zeit haben

Für die meisten Klienten, mit denen es die Sozialarbeiter zu tun bekommen, haben wesentliche Schritte der Entwicklung, prägende Einflüsse der Umgebung und die Entwicklung von Möglichkeiten ihrer

Bewältigung (z.B. Formen der Auseinandersetzung, Vermeidungsverhalten, Fluchtverhalten) lange vor dem Kontakt mit dem Sozialarbeiter stattgefunden. Vielfach führten die Prozesse zu Verhaltensabfolgen, die bei bestimmten objektiven oder subjektiven Gegebenheiten nahezu automatisch ablaufen, auch wenn dieser Ablauf, bezogen auf die derzeitigen Lebensumstände des Klienten, nicht mehr in einem sinnvollen Zusammenhang mit den Gegebenheiten steht. Unter diesen Gegebenheiten werden allgemeine Einflüsse und bestimmte Reaktionsweisen der Umwelt, die Konstanz und Stabilität dieser Umwelt selbst, verstanden (z.B. von Eltern, Geschwistern, anderen Kindern, Lehrer, Erzieher, vereinzelt Arbeitgeber, Nachbarn usw.), weitere sozioökologische, sozioökonomische und soziokulturelle Daten und ihre subjektiven Repräsentaten beim Klienten, seine Wünsche und Erwartungen, Befürchtungen, aber auch persönlich-organismische Zustände wie Geschlecht, Alter, Gesundheitszustand und der subjektiven Bewertung.

Es dürfte einleuchten, daß derartig verfestigtes Verhalten meist nur ganz allmählich aufgeweicht (z.B. bewußt gemacht), abgebaut und durch jeweils passendes Verhalten ersetzt werden kann. Jeder Schritt, den der Klient macht, wird auf seine Folgen für den Alltag hin beobachtet, die Reaktionen der Umwelt auf beginnende Verhaltensänderungen werden sorgfältig, wenn auch nicht immer bewußt, notiert. Sollten diese Reaktionen strafend sein, wird je nach ihrer Stärke das neue Verhalten wieder zurückgenommen (s. Diagramm S. 56). In dem komplexen Gefüge eines sozialen Feldes, z.B. einer Familie, hat jedes Verhalten einen bestimmten Stellenwert und es folgen darauf meist absehbare und vorhersagbare Reaktionen, die das soziale Gefüge konservieren und damit überschaubar halten (s. H. E. RICHTER).

Aus diesen Gründen ist es nötig, "Zeit haben" als besonderes Mittel der Sozialarbeit herauszuarbeiten. Das trifft zum einen die Dauer der Beziehung Klient - Sozialarbeiter, zum anderen die Länge der einzelnen Kontakte.

Nach unseren Erfahrungen ist es hilfreich, bei erwachsenen Klienten pro angefangenem Lebensjahrzehnt ein halbes (bei allein Lebenden) bis ein ganzes Jahr (wenn Partner betroffen sind) als vorläufige Schätzung der Dauer der Beziehung bei intensiver methodischer Arbeit anzusetzen, wenn das Ziel der Zusammenarbeit eine wesentliche Veränderung des Verhaltens (quantitativer Aspekt bezogen auf den Anteil am Gesamtverhalten) oder eine Veränderung für den Klienten wesentlichen Verhaltens (qualitativer Aspekt, bezogen auf die Bedeutung des Verhaltens für den Klienten und / oder seine Umgebung) beinhaltet. Eine derartige Schätzung ist nicht sinnvoll, wenn nur die Möglichkeit zu unregelmäßigen oder sporadischen Kontakten besteht oder der Klient bzw. seine Umgebung starke Widerstände gegen die Veränderung entwickeln (H. E. RICHTER).

Oben wurde in diesem Zusammenhang das Wort "hilfreich" verwendet. Es bedeutet, daß eine derartige Schätzung den Sozialarbeiter in die Lage versetzten,

- gegenüber seinem Auftraggeber (und seinen Kollegen) Aussagen über die mögliche und gegebene Arbeitsbelastung machen zu können,
- gegenüber den eigenen Ansprüchen auf beruflichen Erfolg gelassener werden zu können,
- den Klienten Zeit zu einer Integration des Gelernten in den eigenen Lebensvollzug zu geben durch eine sachdienliche Auseinandersetzung mit den eigenen Verhaltensmustern unter Berücksichtigung des Veränderungstempos seiner Umgebung.

Außer in der Dauer der Beziehung spielt "Zeit haben" auch in den einzelnen Kontakten eine wesentliche Rolle. Ein einzelner Kontakt sollte in der Regel - nahezu ausnahmslos - die Dauer einer Stunde nicht überschreiten. Nicht nur die Anzahl der Klienten, sondern auch die Konzentrationsfähigkeit von Klient und Sozialarbeiter setzt eine solche Grenze. Die Zeitspanne, die für einen Kontakt jeweils zur Verfügung steht und von anderen Störmöglichkeiten (Telefon, Kollegen, Akten, andere Klienten) frei gehalten werden muß, muß dem Klienten mitgeteilt werden: "Ich habe für Sie Zeit bis ..." und sollte über die Dauer der Beziehung nahezu konstant bleiben, zu einer Spielregel ("Zeitregel") für diese Beziehung werden. Es ist gerade für den Anfänger nicht leicht, sich an eine derartige Spielregel zu halten, zumal viele Klienten zwischen Tür und Angel bei der Verabschiedung ihr "eigentliches Problem" ansprechen. Für viele von diesen ist es nötig, erstmals den Gesprächspartner zu testen, eine vertrauliche Gesprächsatmosphäre zu schaffen, damit die Ängste und Spannungen, die mit derartigen Kontakten, mit einer Darlegung persönlicher Schwierigkeiten verbunden sind, bewältigt werden können. Diesem Klienten muß ebenso bestimmt wie verbindlich die Zeitregel erneut vor Augen geführt werden, etwa mit der Bemerkung: "Für heute ist unsere Zeit um, Sie haben jetzt ein Problem angesprochen, das Sie sehr berührt. Ich glaube, es ist sinnvoller, wir reservieren uns die nächste Sitzung dafür, als jetzt zwischen Tür und Angel darüber zu sprechen." (Daß der Sozialarbeiter bei Beginn der nächsten Sitzung das Problem nochmals in Erinnerung bringt, ist selbstverständlich. Es kann aber sein, daß der Klient auf diese Erinnerung nicht entsprechend reagiert - das muß hingenommen werden.)

Ein derartiges Verhalten ist auch bei Klienten angebracht, die mit dem oben geschilderten Verhalten die "Verführbarkeit" des Sozialarbeiters, seine Fähigkeit, Distanz zu wahren, oder seine Art, sich mit den Problemen der Klienten zu identifizieren, testen wollen. Es erscheint uns notwendig, daß auch der zeitliche Rahmen, der zur Verfügung steht, erfahren, gelernt werden muß, weil er andererseits zunehmend die Gewißheit verschafft, daß in dieser Stunde der Sozialarbeiter wirklich für den Klienten da ist.

In diesem Zusammenhang ist der Turnus der Treffen von Bedeutung. Eine Aussage des Sozialarbeiters wie die obige ist nur sinnvoll, wenn das nächste Treffen in absehbarer Zeit stattfinden wird. Am Anfang einer Beziehung werden im allgemeinen wöchentliche Treffen angemessen sein, in Ausnahmefällen zwei Treffen pro Woche. Erst mit fortschreitender Entwicklung kann ein zweiwöchiger, später dreiwöchiger Turnus angebracht sein, gegen Ende der Beziehung vielleicht nur noch sporadische telefonische Kontakte. Ablösungsschwierigkeiten beim Klienten machen manchmal eine Rückkehr zu einem früheren

Turnus nötig, sollten aber in den Treffen bearbeitet werden, damit der Sozialarbeiter tatsächlich für den Klienten entbehrlich wird.

Gerade am Anfang werden viele Klienten versuchen, durch "akute Probleme" Kontakt mit dem Sozialarbeiter außerhalb der vereinbarten Zeiten herzustellen. Es ist in jedem Fall nötig, sich kurz die Situation schildern zu lassen, und es ist nicht immer leicht, dann abzuwägen, ob das Problem bei der nächsten Sitzung bearbeitet werden kann oder ob ein Kontakt normaler Dauer zwischendurch angebracht ist. Im Gegensatz zur Zeitregel ist es in solchen Fällen meist richtig, dem Klienten entgegenzukommen, bis man den funktionalen Gehalt dieser "Hilferufe" erkennen kann.

Dabei sollten Anteile der augenblicklichen Schwierigkeit, die sofort bearbeitet werden müssen (evtl. auch das derzeit bestehende Gefühl starker Unsicherheit oder Überforderung, ein Formular auszufüllen) von jenen Anteilen getrennt werden, "die wir bei der nächsten Sitzung besprechen" müssen.

4.2.2. Der Bericht

Kurz wollen wir noch auf den Bericht eingehen, auch wenn dieser meist nur aus wenigen handschriftlichen Notizen über den Verlauf und die hauptsächlichen Inhalte eines Gespräches besteht und meist als "technisches" Hilfsmittel verstanden wird. Das, was der Klient während eines Kontaktes an Informationen bringt, ist im allgemeinen das Thema der Sitzung. Für den Sozialarbeiter ist es darüber hinaus jedoch wichtig zu wissen, welche Themen immer wieder auftauchen, unter welchen Umständen und in welchen Zusammenhängen sie auftauchen. Die Entwicklung des Klienten zurückzuverfolgen ermöglicht es, daß über längere Zeit Grundstrukturen des Erlebens und der Auseinandersetzung mit der Umwelt (und manchmal ist der Klient für sich selbst Umwelt) deutlich werden und möglicherweise verdeutlicht werden können. Unter Umständen zeigt sich aus dem Studium der Notizen auch der Widerstand des Klienten gegenüber bestimmten Verhaltensmustern des Sozialarbeiters (z.B. gegenüber gegebenen guten Ratschlägen).

4.3. Die Mittel des Klienten

Wir können diese Mittel als die "Stärken des Klienten" bezeichnen, die vom Klienten selbst oder durch den Sozialarbeiter aktiviert werden können.

In gleicher Weise wie bei diesem sind bestimmte Bereiche des Verhaltens, des Wissens und der Wertsysteme des Klienten Stärken, also Mittel, die dem Klienten bewußt gemacht werden können.

Die Stärken des Klienten können recht allgemeiner Art sein, wie die Fähigkeit, mit verschiedenen Methoden neue Erfahrungen zu machen, daraus neue Verhaltensweisen abzuleiten (kurz: zu lernen), Lernerfahrungen zu generalisieren, aber auch, mit verschiedenen Interaktionspartnern in je unterschiedlicher Weise zu kommunizieren, auf unterschiedliche Situationen jeweils angemessen zu reagieren. Für die methodische Arbeit ist es unerläßlich, die Stärken des Klienten kennenzulernen.

Diese Stärken finden wir auch in dem zu verändernden Verhalten des Klienten, das von ihm oder seiner Umgebung als "störend" oder "abweichend" bestimmt wird. Diese Verhaltensweisen setzen sich aus kleineren Einheiten zusammen, die ebenso nötig für den Aufbau erwünschten Verhaltens sind, wie sie Bestandteil des unerwünschten Verhaltens geworden sind. Eine eingehende Analyse dieses Verhaltens gibt brauchbare Hinweise auf diejenigen Mittel, die der Klient selbst zur Verfügung stellen kann.

Ein Beispiel:
Der Klient ist eingebunden in eine Familie, und er erlebt dies als eine existentielle Belastung, auf die er mit aggressivem Verhalten gegenüber Dritten reagiert. Durch die Einbeziehung der Familienmitglieder gelingt es dem Klienten allmählich, zwischen sich und diesen eine größere emotionale Distanz zu schaffen. Dies hilft, das aggressive Verhalten abzubauen, und versetzt gleichzeitig den Klien-

ten in die Lage, mit den Mitgliedern seiner Familie wieder in konstruktive Beziehungen zu treten. Außerhalb der Familie war der Klient fähig, konstruktive soziale Beziehungen aufzubauen. Durch die Hilfe des Sozialarbeiters wurde der Klient in die Lage versetzt, diese seine Stärke auch in der Familie einzusetzen. In gleicher Weise sind bestimmte Bereiche des Verhaltens, des Wissens und der Wertsysteme des Klienten Stärken (Mittel), die dem Klienten bewußt gemacht und die so direkt oder indirekt aktiviert werden können.

In diesem Zusammenhang ist zu beachten: Je höher der Funktionswert (Nutzen) eines Verhaltens, desto größer ist der Widerstand es aufzugeben. Und: Auf die Dauer wird kein Klient (auch sonst niemand) auf einen Nutzen verzichten, wenn er dafür nicht einen zumindest gleichwertigen erhält.

Aus der persönlichen Geschichte der Interaktionspartner können Faktoren wirksam werden, die die Wahrnehmung des anderen und seiner Problematik unmöglich machen oder verzerren, die es beim Sozialarbeiter verhindern, die Stärken des anderen zu erkennen und mit ihnen zu arbeiten.

4.4. Die Mittel der übrigen Gesellschaft lassen sich ableiten aus

- der staatlichen Organisation (Normsetzung, Dienstleistungen)
- der öffentlichen Meinung (den öffentlichen Meinungen)
- wirtschaftlichen Gegebenheiten (z.B. Zahl der zur Verfügung stehenden Arbeitsplätze mit bestimmten Qualifikationsvoraussetzungen)

Im allgemeinen verfügt der Sozialarbeiter nicht über diese Mittel, aber er sollte über entsprechende Informationen (s. Änderungswissen) verfügen, wie diese Ressourcen beschafft, gebraucht und gegebenenfalls verändert werden können.

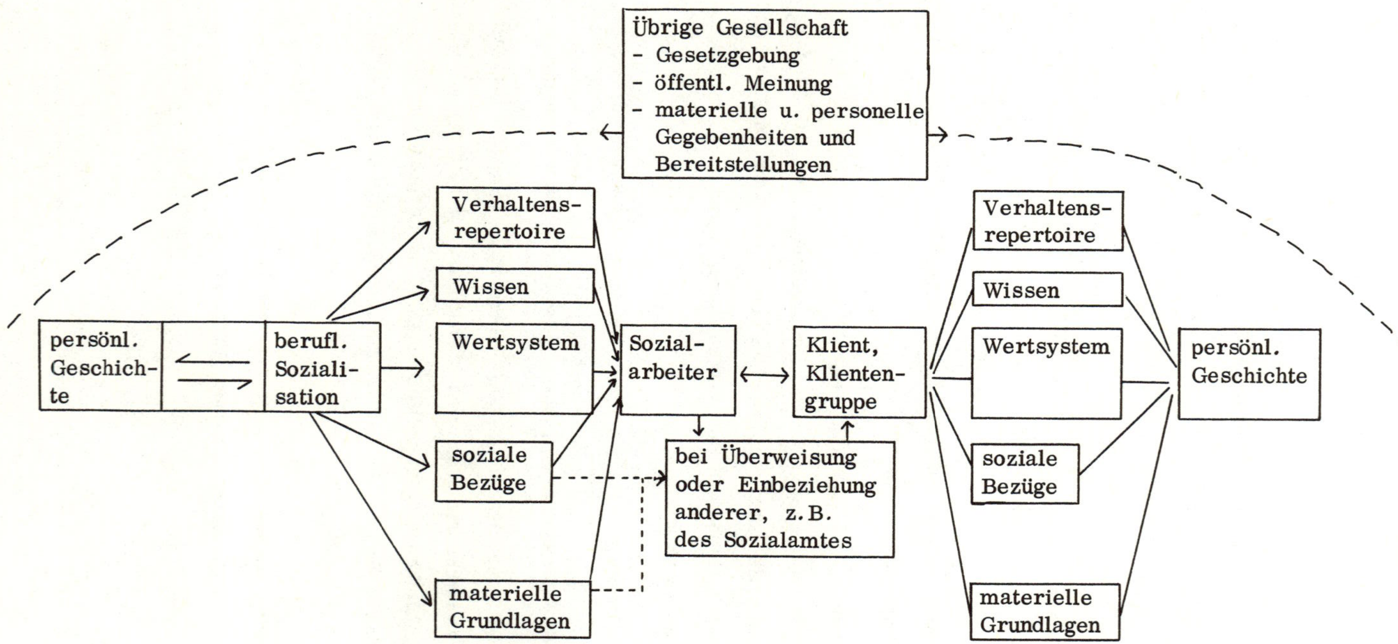

Abb. 6 Mittel von Klient - Sozialarbeiter - Gesellschaft

Abschließende Bemerkungen

Für uns ist es wichtig, an dieser Stelle darauf hinzuweisen, daß der Klient oder das Klientel selbst nie zum Mittel werden dürfen, um Ziele anzustreben, die dem Sozialarbeiter für sich oder für die Sozialarbeit selbst wichtig sind. Die Ziele des Klienten sind dessen Ziele und die Sozialarbeit hat die Aufgabe, ihm zu helfen, diese Ziele zu artikulieren, auf die Möglichkeit ihrer Verwirklichung hin zu überprüfen, sich für ein Ziel zu entscheiden, seine Verwirklichung zu planen und durchzuführen.

Das heißt nicht, daß der Sozialarbeiter keine Möglichkeiten haben soll, aktiv an der Veränderung und Auflösung von Mißständen zu arbeiten. Er muß sich dabei seiner eigenen Möglichkeiten bedienen - und hierzu gehören die Klienten nur indirekt, weil sie vom Sozialarbeiter in gewisser Weise abhängig sind.

Zusammenfassung

Der Sozialarbeiter ist Teil des Mittels "Sozialarbeit", das der Gesellschaft die Wahrung des sozialen Friedens durch Hilfen für einzelne oder Gruppen ermöglichen soll.

Es stehen ihm eine Vielzahl von Mitteln zur Verfügung, die dem Erreichen eines oder mehrerer möglicher oder nötiger Ziele dienen können.

Als allgemeine Mittel können das Verhalten, das Wissen und das Wertsystem des Sozialarbeiters, seine beruflichen und privaten Beziehungen und seine materiellen Grundlagen angesehen werden. Zu den besonderen Mitteln gehören sein Interaktionsverhalten, das problemorientiert oder subjektorientiert sein kann, das "Stützen" des Klienten, das Zeit-Haben und der Bericht.

Auch der Klient stellt Mittel zur Verfügung, seine Stärken, die ebenfalls allgemeiner Art und besonderer Art sein können.

Schließlich ist es für den Sozialarbeiter wichtig, über die Mittel der "übrigen" Gesellschaft Bescheid zu wissen und sie sachdienlich zu nützen.

Literaturhinweise:

1. Rogers, C.: Die klientbezogene Gesprächstherapie, München, 1973

2. Richter, H. E.: Patient Familie, Reinbek bei Hamburg, 1972

3. Timms, N.: Der Bericht in der Sozialarbeit, Freiburg, 1974

Begriffserklärungen

Behaviorismus	Psychologische Richtung, die weniger nach den dynamischen Kräften des psychischen Geschehens fragt (wie dies die Tiefenpsychologie tut), sondern sich mehr an beobachtbaren Einflüssen auf den Organismus und seinen beobachtbaren Reaktionen orientiert (Reiz-Reaktions-Modell). In einigen Bereichen deutet sich eine Konvergenz beider Theorien an.
Hypothese	Aus einer Theorie abgeleitete Aussage meist über eine Ursache-Wirkungsbeziehung, die in den Erfahrungswissenschaften mit einer Aussage über den Grad der Wahrscheinlichkeit verbunden wird, mit dem dieses Ereignis (Wirkung) eintrifft.
Identität	Wörtlich: Gleichheit In diesem Zusammenhang eine Verkürzung des von ERIK H. ERIKSON geprägten Begriffes der 'Ich-Identität', der das Gefühl einer Übereinstimmung von Selbstbild, sozialer Aufgabe und sozialer Beachtung bezeichnet.

Interaktion	als soziale Interaktion meint, daß Menschen durch Interaktionsverhalten miteinander in Beziehung treten (wie dies für die Gruppe - im Gegensatz zur Masse - wichtig ist).
Kommunikation	Im sozialen Bereich eine Beziehung zwischen Personen, die auf Übermittlung von Inhalten (Nachrichten) abzielt. Diese Übermittlung kann sprachlich (verbal) oder nichtsprachlich (nonverbal, averbal - "Körpersprache", "Raumsprache", "Symbolsprache") geschehen.
Symbolischer Interaktionismus	Soziologische Schule, derzufolge sich menschliches Verhalten durch Interaktion (Wechselbeziehung) der Beteiligten entwickelt, wobei die Sprache, aber auch andere Ausdruckssymbole Mittel der Interaktion sind. (s. KRAPPMANN, LOTHAR: Soziologische Dimensionen der Identität) Stuttgart, 1975

5. Schritte methodischen Handelns

5.1. Entscheidung über den Ansatzpunkt der Arbeit

In der Sozialarbeit bestehen im wesentlichen die Möglichkeiten: direkt mit dem einzelnen Klienten zu arbeiten oder indirekt, eher die Umgebung beeinflussend, mit dem Klienten alleine oder mit einer Gruppe, deren Mitglieder Klienten sind oder in der der Klient eines unter anderen Mitgliedern (Nicht-Klienten) ist, oder mit verschiedenen Formen von Gemeinwesen: den funktionalen (dem Heim insgesamt), den regionalen (das Stadtviertel H.) oder den kategorialen (die alten Bürger von X.).

Bei der Entscheidung, wo die Arbeit im Einzelfall zunächst anzusetzen ist, sind wir davon ausgegangen, daß der Mensch ein soziales Wesen ist. Die Gruppe ist das Grundmuster menschlichen Lebens, sie ist demnach auch Ursache für Störungen, aber sie ist auch Grundmuster der sozialen "Heilung". Und die Gruppe ist die - hypothetisch zunächst - am besten geeignete, die im Erleben des Klienten die zentrale Bedeutung hat, meist die Familie, die nächstbeste ist eine Gruppe, die dieser am nächsten kommt. Einige Aspekte machen es fallweise nötig, in einer längerdauernden, die Umgebung des Klienten relativ ausschließenden Beziehung Klient - Sozialarbeiter, der Einzelfallarbeit, tätig zu sein.

Von diesen Überlegungen ausgehend, lassen sich folgende Leitfragen entwickeln:

Frage 1: Ist der jeweilige Betroffene in der Lage, in einer Gruppe mitzuarbeiten?

nein: mittels der sozialen Einzelarbeit oder einer Therapie Möglichkeiten geben,

- "Ich-Schwäche" zu bearbeiten
- Einstellungen und Verhaltensrepertoire zu ändern

ja: s. Frage 2

Frage 2: Ist die Gruppe der geeignete Ansatz zur Lösung des Problemes?

nein:

- politischer Bezug des Problems bedarf breiterer Basis und/ oder anderer Interventionsmodelle → Entscheidung für Gemeinwesenarbeit
- Art und Intensität des Problems ist nicht in einer Gruppe angehbar → Entscheidung für soziale Einzelfallarbeit, eine Form der medizinischen od. psychotherapeutischen Behandlung oder seelsorgerlicher Betreuung

ja: Entscheidung für soziale Gruppenarbeit

Frage 3: Wenn die Entscheidung für soziale Gruppenarbeit gefallen ist: Kann das Problem in bestehenden Gruppen (z.B. der Familie) und durch ihre Mitarbeit bearbeitet werden?

nein:

- Spannungen in bestehenden Gruppen sind zu groß
- Gruppen bieten zu wenig Lernmöglichkeiten oder wollen Veränderungen ihrer GM verhindern (diese Gruppen sind u. U. ein nicht-repräsentativer Ausschnitt aus der sozialen Realität)

ja:

- Energieaufwand für Anfangsphasen in Gruppen entfällt
- Gruppe lernt mit, daher entfällt teilweise das Transferproblem

5.2. Grundsätzliche Schritte methodischen Handelns

Methodisches Handeln hat einen Anfang, es hat, definitionsgemäß dann ein Ende, wenn das gesteckte Ziel erreicht ist.

Damit sind die grundsätzlichen Schritte methodischen Handelns vorgegeben:

- Bestimmung des Ausgangspunktes
- Überlegungen zu Ziel, Inhalten und Schritten methodischen Handelns bei dem bestimmten Klienten
- Erstellung einer Prognose über den zu erwartenden Erfolg
- Festlegen von Kriterien der Erfolgskontrolle

Diese Schritte unterliegen zwei wesentlichen Kriterien:
Sie sind weder in einer ein für allemal festgelegten Reihenfolge zu leisten, noch sind sie jeweils zu einem bestimmten Zeitpunkt der Beziehung zwischen Klient und Sozialarbeiter abgeschlossen, von wenigen, streng definierten Arbeitsaufträgen abgesehen.

Wenn ein Erstkontakt zwischen Klient und Sozialarbeiter zustandekommt, entsteht auf beiden Seiten ein Geflecht von Hoffnungen und Befürchtungen. Beim Klienten kommt zu der Hoffnung, daß der Kontakt mit dem Sozialarbeiter oder dessen Behörde positive Auswirkungen haben und - doch das ist nicht immer der Fall - nicht zu lange dauern möge, die Befürchtung, diese Beziehung könnte das Ansehen des Klienten bei seiner Umgebung beeinträchtigen, Veränderungen erfordern, die möglicherweise schmerzhaft erlebt werden und eventuell Abhängigkeiten aufbauen, die nicht erwünscht sind.

Sozialarbeiter hoffen oft, daß das Problem des Klienten lösbar ist, in absehbarer Zeit zur beiderseitigen Zufriedenheit abgeschlossen werden kann und kein überdurchschnittliches Engagement erfordert. Die Befürchtungen liegen auf der Ebene des fachlichen Versagens (in den Augen der Kollegen, in den eigenen Augen und in denen des Arbeitgebers - in dieser Reihenfolge), einer überdurchschnittlichen emotionalen Belastung und eines Übermaßes an nötigem Arbeitseinsatz. Diese Hoffnungen und Befürchtungen bauen auf den Inhalten der einzelnen Lerngeschichten mit ihren Erfahrungen an positiven und belastenden Sozialbezügen auf, die in Übertragungen, Fantasien über den anderen ihren Ausdruck finden.

Aus diesen Gründen bieten Klienten oft ein Problem an, dem sie erst später oder, im Fall einer unangemessenen Reaktion, des Sozialarbeiters, nie ihre "eigentliche" Schwierigkeit folgen lassen. Andererseits verführt die Spannung des Erstkontaktes den Sozialarbeiter oftmals dazu, dieses angebotene Material zu bearbeiten, den Klienten mit Rat und eventuell Tat zur Seite zu stehen und - das ist hier das Entscheidende - dies mit einer Ausschließlichkeit, daß diese Beziehung für eine Änderung des Inhaltes zumindest für den Klienten nicht mehr offen zu sein scheint. Gerade in dieser ersten Phase gilt die Maxime: "Bedürfnisse, die nicht geäußert werden, sind (gelten als) nicht vorhanden" nicht.

Diese Maxime ist in ihrer für beide Teilnehmer gültigen Umkehrung: "Vorhandene Bedürfnisse werden geäußert" das Zeichen einer gereiften Beziehung zwischen erwachsen gewordenen Partnern, auch als "Klient" und "Sozialarbeiter".

Mit tastenden Schritten wird die mögliche Tragfähigkeit der oft nur widerwillig oder halbherzig geknüpften Verbindung ausprobiert oder es werden immense Lasten ("Pilotprobleme") auf diese Verbindung gelegt, die dem anderen die Luft wegnehmen soll ob solcher Komplexität und Intensität der Probleme dieser Lebenssituation. Gerade wenn die Kontakte nicht freiwillig zustandekamen, sind Zeichen der Ablehnung häufig.

Diese Vorüberlegungen waren u. E. als Einleitung in die "grundsätzlichen Schritte" nötig.

5.2.1. Bestimmung des Ausgangspunktes

Wir haben dargestellt (s. 1.3.), daß Sozialarbeit derzeit fast ausschließlich reaktiv tätig wird. Dies gilt ebenso wie für diese Institution insgesamt auch für den einzelnen Auftrag oder den vom Klienten erbetenen Kontakt. Dies ist von wesentlicher Bedeutung: Der Ausgangspunkt der beruflichen Beziehung Klient - Sozialarbeiter ist in der Entwicklung aller Beteiligten, auch der nur indirekt Betroffenen, nie ein Punkt Null. Er trifft auf die Lebensgeschichte in einer bestimmten Situation, die sich nicht zwangsläufig, doch mit großer Wahrscheinlichkeit so ergeben mußte, die vom Klienten oder seiner engeren bzw. weiteren Umwelt als zu verändern nötig erachtet und für deren Veränderung eine Institution der Sozialarbeit als zuständig angesehen wurde.

5.2.2. Psycho-soziale Diagnose

In der Sozialarbeit wurde für die Bestimmung des Ausgangspunktes, die eine problembezogene Bilanzierung des Lebens darstellt, der Begriff "psychosoziale Diagnose" geprägt. Diese psychosoziale Diagnose faßt alle Daten der Lebensgeschichte des Klienten zusammen, die mit dem Problem in Verbindung stehen. Die Auswahl dieser Daten erfolgt auf dem Hintergrund der leitenden Theorien, die dem Sozialarbeiter als Erklärungsmodelle zur Verfügung stehen. In der deutschen Sozialarbeit sind dies meist tiefenpsychologisch-psychoanalytisch orientierte Theorien. Deshalb spielen für die psychosoziale Diagnose Daten aus der frühen Entwicklung des Klienten eine wesentliche Rolle: Der Verlauf der ersten Lebensjahre, die Bezugspersonen und die Intensität dieser Beziehungen, die Konstanz früherer Lebenssituationen, Rivalitäten, die in diese Zeit fielen, die weitere Entwicklung, besonders in der Pubertät, die Bewältigung beruflicher Situationen und die Beziehung zum anderen Geschlecht. Diese Daten werden mit einem Geflecht von theoretischen Aussagen verknüpft und so oft recht zutreffende Erklärungen für das Entstehen von Verhalten abgeleitet.

Mit dem stärkeren Einzug der Verhaltenstherapie in die Sozialarbeit verloren zunächst die Erfahrungen früherer Lebensjahre des Klienten für einen Teil der Sozialarbeiter an Bedeutung, Erklärungen für die

Entstehung von Verhalten schienen nicht mehr in dem Ausmaß von Bedeutung zu sein, es genügte scheinbar das Wissen um allgemeine Gesetzmäßigkeiten der Entstehung und Änderung von Verhalten. Mit zunehmender Differenzierung der Theorie wurden aber auch hier die Daten der Lerngeschichte des Klienten wichtig. Die Entwicklung scheint in der Praxis zunehmend auf eine Verschränkung beider Theorien zuzugehen, bei teilweiser Ersetzung von Elementen der einen durch solche aus der anderen Theorie. Dabei wirkt sich als Vorteil der Verhaltenstherapie aus, daß sie konkretere Aussagen und Ableitungen in bezug auf die angestrebten Veränderungen zuläßt als die Tiefenpsychologie, deren modifiziertes Instanzenmodell (s. HEINZ HARTMANN u.a.) wiederum die Begriffe für eine theoretische Kontrolle der erstellten Behandlungspläne liefert.

Die psychosoziale Diagnose ist demnach der Prozeß der Datensammlung und der Bildung von Hypothesen über den Zusammenhang der Daten und dessen Auswirkung auf die gegenwärtige Lage des Klienten unter Verwendung von einschlägigem Fachwissen.

Zwei Ansatzpunkte stehen für den Diagnoseprozeß zur Verfügung:

a) ein vorgegebenes Ziel (z.B. Abbau der Drogenabhängigkeit)

b) die Hier- und Jetztdaten (wie sieht der Klient seine Situation und welches Verhalten leitet er daraus ab?)

Beide Ansätze ermöglichen unterschiedliche Vorgehensweisen und führen zu unterschiedlichen Auswirkungen auf die Inhalte der Beziehung Klient - Sozialarbeiter.

Daten

Wir haben schon verschiedentlich von Daten gesprochen. Daten sind alle Informationen, die nötig sind, im Sinne einer helfenden Beziehung mit Klienten zu arbeiten: objektive Gegebenheiten, Wirkfaktoren, die erschlossen werden müssen und die subjektiven Repräsentanten beider (was bedeutet das ... für den Klienten?). (s. hierzu besonders VINTER, S. 90, für das Individuum und eine Gruppe im Anfangsstadium, ANTONS, S. 218 ff. für Gruppensituationen.)

5.2.3. Wichtige Datengruppen

a) Daten, die Rückschlüsse auf Erwartungen und Ziele von Träger, Klient und Umgebung zulassen: Warum wurde das Klientel angesprochen (Zeiterscheinung, für diese Arbeit gibt es Zuschüsse, Eröffnung neuer Arbeitsbereiche usw.)?

Wie kamen die Kontakte Klient - Sozialarbeiter zustande (durch öffentliche anonyme Werbung, damit verbunden die Freiwilligkeit der Teilnahme, durch gezielte Kontaktnahme wie Ansprechen, Anschreiben, durch Anordnung einer Behörde oder von Vorgesetzten oder bestimmenden Familienmitgliedern, als offenes Angebot an bestimmte Personengruppen)?

Warum kam der Sozialarbeiter dazu (aus Interesse, aufgrund eines entsprechenden Auftrages, aufgrund des damit verbundenen Verdienstes)?

Warum kamen die Betroffenen dazu (was versprechen sich die Klienten von den Kontakten)?

b) Daten, die Angaben darüber machen, welche Kräfte den Klienten in welche Richtung drängen. Damit werden direkte und indirekte Umwelteinflüsse erfaßt.

c) Daten, die Aussagen über den Ausgangspunkt der Klienten und ihre Entwicklungsmöglichkeit erlauben, z.B. personelle (auch organismische) und materielle Ausstattung, charakteristische Merkmale, bei Gruppen deren anfängliche Größe, Orientierung.

5.2.4. Datenquellen

a) Quellen für vorwiegend anamnestische Daten

Berichte, Akten usw., Auskünfte anderer Institutionen, Einzelgespräche mit den Klienten und Angehörigen seiner Umwelt.

Bei der Verwendung dieser Datenquellen besteht die Gefahr, daß nicht nur objektive Informationen übernommen werden, sondern auch Bewertungen und Einstellungen der Verfasser der Berichte usw.. Wenn auch in geringem Maße, könnte sich hier eine self-fullfilling-prophecy entwickeln.

b) Quellen für vorwiegend aktuelle Daten

Einzelgespräche, Kontakte mit und Wissen über die wirtschaftlichen, sozialen und kulturellen Beziehungen, in denen der Klient steht.

Die schwerpunktmäßige Bestimmung von anamnestischen Daten als Ausgangspunkt der Sozialarbeit von dem theoretischen Ansatz des jeweiligen Sozialarbeiters, der Aufgabenstellung und dem Selbstverständnis von Klient und Sozialarbeiter und, in der sozialen Gruppenarbeit, der spezifische Ansatz des Sozialarbeiters (s. dort).

Wegen der meist geringen Güte und Menge der zunächst zur Verfügung stehenden Daten können die Hypothesen, die im Hinblick auf Stand und Entwicklungsmöglichkeit des Klienten gebildet werden, anfangs naturgemäß nur vorläufigen Charakter haben. Erst aufgrund der im Verlauf der Entwicklung der Beziehung Klient - Sozialarbeiter anfallenden Daten werden diese Hypothesen zunehmend bejaht und eingegrenzt oder erweitert oder verworfen.

In Anlehnung an KAMINSKI haben wir ein Diagramm entworfen, das deutlich macht, daß die Erstellung der psychosozialen Diagnose einen Prozeß darstellt, der die gesamte Beziehung durchzieht und damit ebenfalls den Behandlungsplan (s. 5.3.) beeinflußt:

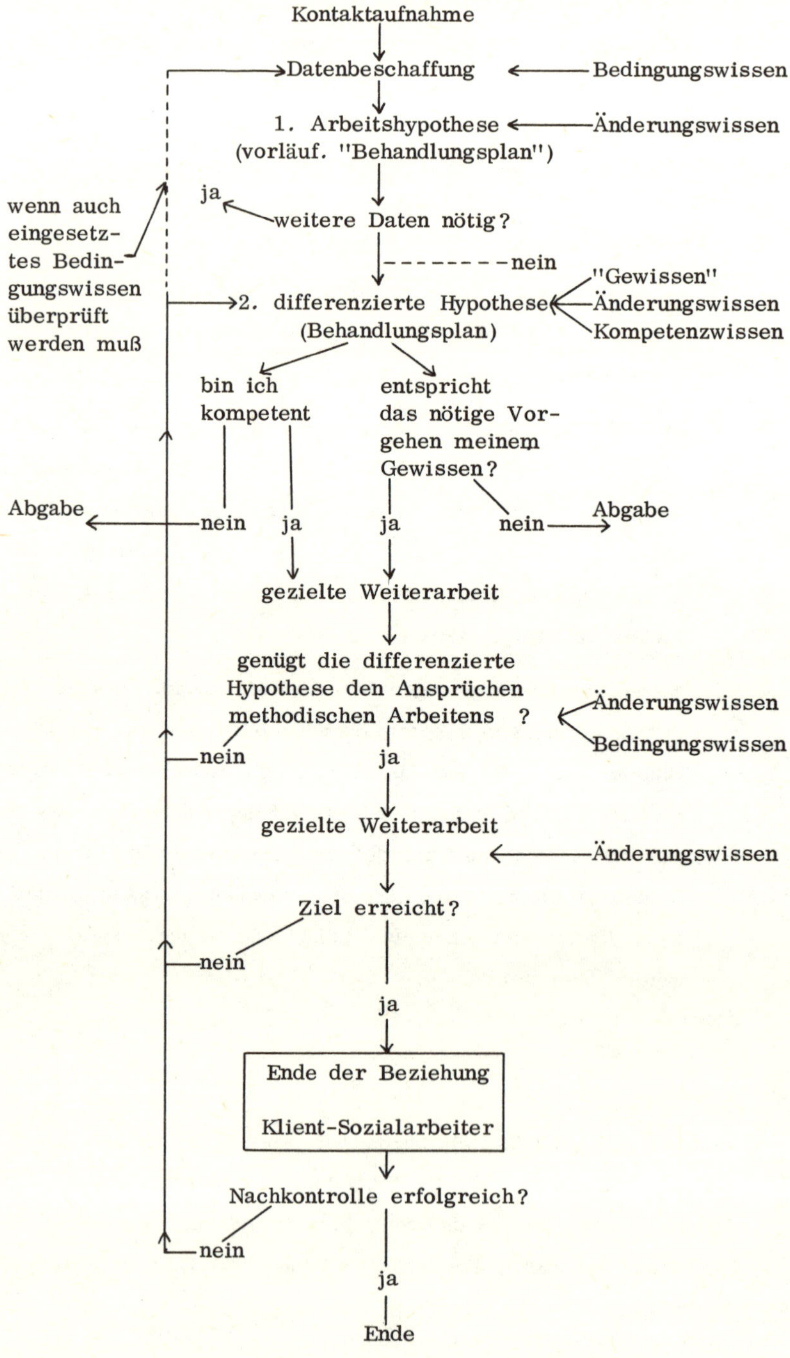

Abb. 7 Behandlungsplan

5.3. Der Behandlungsplan

Überlegungen zu Zielen, Inhalten und Schritten methodischen Handelns

Diese Überlegungen werden oft unter dem Begriff "Behandlungsplan" zusammengefaßt. Dieser Begriff wurde in den letzten Jahren zunehmend kritisiert, da er eher ein Über- und Unterordnungsverhältnis, die Steuerung eines Objektes, des Klienten, auf ein von außen bestimmtes Ziel hin impliziert. Der Klient wird demzufolge nicht als Partner angesehen, der befähigt werden muß, selbst an der Lösung seiner Probleme den wesentlichen Anteil zu leisten und dem auch Lösungen zugestanden werden, die außerhalb üblicher Vorstellungen liegen. Vom Bild eines selbst-bewußten und eigengesteuerten Klienten ausgehend, der von sich aus in einer Problemsituation den Kontakt mit dem Sozialarbeiter herstellt, wie es oft in therapeutischen Situationen geschieht, wäre eher ein Begriff wie "Interventionskontrakt", "Beratungsabsprache" angebracht. Da bisher die meisten Kontakte jedoch nicht auf freiwilliger Basis zustande kommen und das zunehmend präzisere Formulieren der Probleme selbst zum Inhalt des Hilfeprozesses gehört, schlagen wir vor, hier den Begriff "Behandlungsplan" in einer ausgeweiteten Form als Arbeitsbegriff beizubehalten.

Wir sind im Abschnitt 3 auf das Thema "Ziel methodischen Handelns" eingegangen.

Hier soll zunächst nochmals daran erinnert werden, daß Ziele für das methodische Handeln im jeweiligen Einzelfall aus verschiedenen Bereichen stammen:

Bereich 1:	der Klient selbst und/oder seine Umgebung
Bereich 2:	der einzelne Sozialarbeiter und/oder, aber nur sehr vage, sein Berufsstand
Bereich 3:	die Gruppe (auch die Familie) oder das Gemeinwesen
Bereich 4:	die Organisation bzw. der Träger der sozialen Arbeit
Bereich 5:	die Gesamtgesellschaft oder eines ihrer Subsysteme (z.B. Institutionen aus dem politischen Bereich).

Die Ziele aus diesen verschiedenen Bereichen müssen im allgemeinen zumindest allen gemeinsame Berührungspunkte aufweisen, da sonst auftretende Zielkonflikte den Erfolg sozialer Arbeit, der Sozialarbeit, in Frage stellen.

Ein Beispiel aus dem Betrieb eines Freizeitheimes (FZH) soll diese Problematik verdeutlichen:

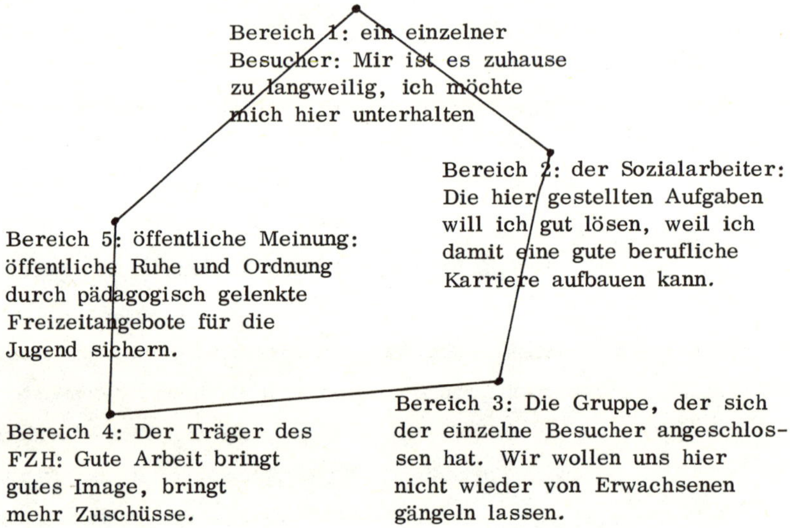

Die Zielkonstellation dieses Beispiels wurde aus didaktischen Gründen so gewählt. Die einzelnen Bereiche werden jeweils auch ganz andere Zielvorstellungen, die oftmals als Interessen verkleidet werden, angeben können.

Ausgehend von diesem Beispiel sollen verschiedene Ziele bzw. Zielformen unterschieden werden:

5.3.1. Offizielle und "eigentliche" Ziele:

Betrachten wir den Bereich 4: Der Träger des Freizeitheimes hat laut Satzung die "Förderung der Jugendarbeit" zum Ziel und präzisiert dies in Verlautbarungen, Pressemitteilungen usw.: "Die Jugendlichen sollen in einer pädagogisch gestalteten Situation lernen, sich zunehmend selbst ernst zu nehmen, ihre Angelegenheiten selbst zu regeln und auf diese Weise Solidarität und Kooperation im Sinne eines emanzipierten, selbstkontrollierten Bürgers einer demokratischen Gesellschaft entwickeln." Beide Zielangaben, das in der Satzung genannte Ziel und seine Präzisierung sind das "offizielle" Ziel, mit dem sich im allgemeinen die Funktionäre und hauptamtlichen Kräfte identifizieren und zwar um so stärker, je näher sie dem Zentrum des Einflusses in ihrer Organisation sind. Das in unserem Beispiel für Bereich 4 genannte Ziel ist ein "eigentliches" Ziel, es hat mit dem offiziellen Ziel wenig zu tun, doch seine Verfolgung ist der Motor für die Mitarbeiter, die sich, wenn das Ziel erreicht wird, einen erheblichen Zuwachs an Prestige erwarten (s. a. Bereich 2).

5.3.2. Nah- und Fernziele

Es geht hierbei um die Aufteilung des gesamten Weges der Beziehung Klient - Sozialarbeiter, der Intervention des Sozialarbeiters, in einzelne Schritte, die - soweit dies im menschlichen Bereich möglich ist - operationalisiert, d.h. in Arbeitsanweisungen umgesetzt werden und in eine sachlich und zeitlich logische Abfolge gebracht werden sollen. Aus unserem Beispiel: Der Sozialarbeiter, Bereich 2, möchte als ein Ziel seiner Arbeit Solidarität der Jugendlichen untereinander erreichen. Er faßt Solidarität auf als Bereitschaft, sich als der gleichen Gruppe zugehörig zu fühlen, gegenseitige Hilfsbereitschaft und Rücksichtnahme zu entwickeln und eigennütziges Verhalten, das zu Lasten anderer Nutzen bringt, abzubauen. Der Sozialarbeiter sieht als eine optimale Möglichkeit, dieses Ziel zu erreichen, die Errichtung eines Heimbeirates an. Das Funktionieren dieses Beirates ist ein Nahziel auf dem Weg zur Solidarität, Jugendliche zu finden, die sich an der Ausarbeitung der Aufgabenstellung (Satzung) des Heimbeirates beteiligen, ein Nahziel auf dem Weg zum Heimbeirat usw.

5.3.3. Teil- und Hauptziele

Hier geht es im wesentlichen um die Aufteilung des gesamten absehbaren Weges in einzelne, möglichst kleine, aber auf jeden Fall organische Teilschritte. Diese Aufteilung ist wichtig, weil nur dann eine sinnvolle Erfolgskontrolle möglich ist, die nötig ist, weil auch in der Sozialarbeit ein Lernschritt erst gemacht werden kann, wenn er auf einem vorhergehenden aufbauen kann.

Diese Teil- und Hauptziele, oben könnte das Funktionieren des Heimbeirates ein Hauptziel sein, müssen nach ihrer Festlegung in eine sinnvolle Reihung gebracht werden, zu Nah- und Fernzielen werden.

5.3.4. Hilfsziele

sind vermittelnde Nah- bzw. Teilziele, die dann eingeschoben werden, wenn der nächste Schritt nicht direkt gegangen werden kann. In unserem Beispiel könnte der Sozialarbeiter, nachdem seine ersten Versuche, Jugendliche zu interessieren, fehlgeschlagen sind, das Angebot an die Jugendlichen, selbständig eigene Tanzveranstaltungen zu organisieren, als Hilfsziele einsetzen, um die Aktivität der Jugendlichen anzuregen.

5.3.5. Allgemeine und spezielle Ziele

Diese Begriffe spiegeln ein wenig den Verbindlichkeitsgrad der jeweiligen Ziele wider. Allgemeine Ziele sind naturgemäß unschärfer, weniger verbindlich als spezielle Ziele, wesentlich differenzierter und oft auch auf bestimmte Personengruppen und Sachverhalte bezogen.

Wir haben, von unserem Beispiel ausgehend, verschiedene Formen von Zielen angesprochen. In unseren Überlegungen sind jedoch die Jugendlichen mit ihren Zielen - die hier eher allgemein gehalten waren - zu kurz gekommen. Sie wollten sich nicht wieder von Erwachsenen steuern lassen.

Hier kann sich ein Zielkonflikt anbahnen und 'mangelndes Interesse an der Arbeit eines Heimbeirates zeigen' könnte eine Form sein, mit der die Jugendlichen diesen Konflikt lösen.

Für erfolgreiches methodisches Handeln ist eine ständige Kontrolle des eigenen Handelns (Interventionskontrolle) erforderlich. Wesentlich ist, daß der Sozialarbeiter erkennt, wann ein Schritt erreicht, hinreichend gefestigt und der nächste begonnen werden kann bzw. wann das Ziel seiner Arbeit erreicht und folglich die eigene Intervention beendet werden kann.

Dabei ist der Begriff "Schritt" ziemlich untauglich, da es kein exaktes Nacheinander - voneinander sicher trennbarer Lernfortschritte - gibt. Auch die Erfolgskontrolle ist demnach kein punktuelles Geschehen, wie vielleicht eine Klausur in der Schule dieses darstellt.

5.3.6. Forderungen an Ziele in der Sozialarbeit

Hilfreich für die Interventionskontrolle sind dabei folgende an die Ziele der Sozialarbeit zu stellende Forderungen:

- Ziele müssen realistisch und realisierbar sein.
  Leitfrage: Was ist mit diesem Klienten (Gruppe, Gemeinwesen) und mit einer Methode aufgrund der Gegebenheiten erreichbar?

- Ziele müssen in funktionaler Beziehung zum Erleben des Betroffenen stehen.
  Leitfrage: Was sieht der Klient als sein wichtigstes Problem an?

- Ziele müssen in direkter Beziehung zur Problematik des Betroffenen stehen.
  Leitfrage: Welche konkreten Veränderungen sind aufgrund der Gegebenheiten erreichbar?

- Ziele müssen übertragbar sein.

  Leitfrage: Welche Funktionen hat das So-Sein des Klienten für seine Umwelt?

- Ziele müssen deshalb auf der Gefühls-, der Denk- und Verhaltensebene angesprochen werden.

  Leitfrage: Welche Einstellungen, Gefühle und Verhaltensmuster dieses Klienten sollten verändert werden? (Von wem aus?)

Die Definition der Ziele durch den Sozialarbeiter ist neben dem oben Gesagten auch abhängig von dessen

- Änderungswissen (Was kann, soll verändert werden?)
- Kompetenzwissen (Kann ich das übernehmen?)
- Bedingungswissen (Wie kam das zustande? Unter welchen Bedingungen wird es aufrechterhalten?)
- ethischen Vorstellungen ("Gewissen" - Entspricht diese Lösung meinem Wertsystem?)

(KAMINSKI)

Der Behandlungsplan stellt für den Einzelfall eine Verbindung zwischen den Zielen her. Er gibt an, welche Inhalte in welcher Form zu welchen Teilzielen führen sollen und wer daran gegebenenfalls zu beteiligen ist.

Der Entscheidung über den Ansatzpunkt (s. 5.) folgen Überlegungen zu den Formen der Arbeit: eher subjekt- oder problemorientiertes Gespräch, Rollengespräche, Rollenspiele, zu denen eventuell nach und nach Personen aus der Umwelt des Klienten hinzugezogen werden können; die Reihenfolge, in der bedeutende Personen aus der Umgebung des Klienten in die Beziehung einbezogen werden, z.B. erst die Mutter, dann der Vater oder zunächst der Partner, Meister oder Vorgesetzte usw.; Kontakte, die für den Klienten geleistet werden, wie mit der Sozialhilfeverwaltung oder Anstaltsleitung oder solche, die Aktionen des Klienten vorbereiten sollen; das Einbeziehen rechtlicher und verwaltungstechnischer Beratung in die Arbeit; Überlegungen, ob der Klient seine alltägliche Umwelt verlassen oder beibehalten soll; Überlegungen, ob medizinische, psychotherapeutische oder seelsorgerische Einrichtungen beigezogen werden sollen; welche Formen der Verstärkung, auch des Lobes und der Anerkennung, angemessen sind.

Der Behandlungsplan schließt aber auch Gedanken darüber ein, ob die Kontakte mit dem Klienten eher bei diesem zuhause oder eher im Büro des Sozialarbeiters stattfinden sollen, welche Tageszeit dafür am besten geeignet ist, welche Sprache - Umgangssprache des Klienten oder Schriftsprache - der Sozialarbeiter verwenden soll, ob irgendwelche "Geschenke" den Kontakt eröffnen sollen wie z.B. ein guter Tip, eine für den Klienten günstige Nachricht, das Angebot einer Zigarette u.ä.

Damit setzt der Behandlungsplan alle Elemente, die für die Arbeit mit einem bestimmten Klienten benötigt werden, nach einem bestimmten System zusammen. Er gibt an, welche Teilziele nacheinander erreicht werden sollen und was insgesamt zusammen mit dem Klienten anzustreben ist. Gerade an den letzten Überlegungen ist ja der Klient maßgeblich beteiligt, und deshalb wird es oft geschehen, daß das Ziel zu hoch oder zu niedrig gesteckt wird. Soweit es geht, sollte nach der Devise "bewähren geht vor bewahren" dem Klient die Möglichkeit gegeben werden, allmählich auch eine realistische Einschätzung seiner Stärken und Grenzen zu entwickeln. Gerade hierbei spielt das Stützen des Klienten (s. 4.2.1.) eine wesentliche Rolle.

Der Behandlungsplan sollte auch die Möglichkeit einer sinnvollen Nacharbeit (z.B. Katamnese) nach Beendigung der Beziehung ansprechen, was derzeit, zumindest in der deutschen Sozialarbeit, nur vereinzelt geschieht.

Ohne ausreichende Nacharbeit kann über den Erfolg der Bemühungen der Sozialarbeit und des Sozialarbeiters keine zuverlässige Aussage gemacht werden, wie auch der Transfer des Gelernten kaum langfristig gesichert werden kann.

5.4. Erstellung einer Prognose über den zu erwartenden Erfolg

Aussagen darüber zu machen, welches Ziel letztlich mit einem bestimmten Klienten unter den gegebenen Umständen erreicht werden kann oder, anders ausgedrückt, mit welcher Wahrscheinlichkeit ein bestimmter Erfolg eintreten wird, lassen sich nur sehr schwer machen. Trotzdem sollten solche Schätzungen vorgenommen werden, damit die Beteiligten die bestehenden Möglichkeiten realistisch genug einschätzen.

Dabei muß jedoch zumindest vermieden werden, eine obere Grenze festzulegen ("Mehr ist bei dem nicht drin"), eine untere Grenze ("Das sollte mindestens zu erreichen sein") anzugeben ist eher zulässig, wenn sie von den Möglichkeiten des Klienten, des Sozialarbeiters und den übrigen Gegebenheiten ausgeht.

Für Erstellung der Prognose sind folgende Daten über folgende Bereiche einzuholen und in Beziehung zu setzen:

- die Bedeutung des Problemes für den Klienten ("Leidensdruck")
- die Bereitschaft des Klienten, an der Lösung seines Problemes zu arbeiten
- die Fähigkeit des Klienten, seine Probleme in ihren Zusammenhängen zu erkennen, zu formulieren und Möglichkeiten zu ihrer Lösung zu entwerfen
- die Bereitschaft der Umgebung des Klienten, den "Hilfeprozeß" mit zumindest "wohlwollender Neutralität" zu begleiten, wenn nicht gar tatkräftig zu fördern oder die Möglichkeit, die Umgebung zu wechseln
- die Möglichkeiten und Fähigkeiten des Sozialarbeiters und seine Bereitschaft zu distanziertem Engagement
- die vom Träger der sozialen Arbeit zur Verfügung gestellten Mittel, das Verständnis gegenüber einem oft langwierigen und manchmal ungewöhnlichen Verlauf der Entwicklung der beruflichen Beziehung.

Zunächst scheint die Bedeutung des Problemes für den Klienten, der "Leidensdruck", das ausschlaggebende Moment für den Erfolg der Bemühungen zu sein, denn "wo ein Wille ist, da ist auch ein Weg". Es zeigt sich oft bald, daß dieser Leidensdruck ein komplexes, keineswegs eindeutiges Gebilde ist, nicht konstant über verschiedene Situationen und ebenfalls nicht über längere Zeit. Hier taucht eine Schwierigkeit auf, die den "helfenden Prozeß" (BIESTEK) in der Sozialarbeit über längere Strecken oft entscheidend beeinflußt: die Tatsache, daß die Klienten den Kontakt mit dem Sozialarbeiter von ihren alltäglichen Situationen unterscheiden. Sie unterscheiden das "Drinnen" der beruflichen Beziehung Klient - Sozialarbeiter vom "Draußen" , ihren sonstigen Lebensumständen ("Drinnen" und "Draußen" nach KAMINSKI). Diese Unterscheidung, so selbstverständlich sie ist, hat zur Folge, daß das, was Klienten über das Draußen in den Kontakt einbringen, bereits auf das Drinnen zugeschnitten, transformiert ist. Der Sozialarbeiter erfährt also nicht, wie der Klient sein Problem sieht, sondern was der Klient glaubt, von seinem Problem - so wie er es sieht - dem Sozialarbeiter mitteilen zu können. Das Bezugssystem dieser Beziehung ist aber oftmals noch das der Unterordnung, der Abhängigkeit (und Gegenabhängigkeit des Sozialarbeiters) des Klienten und diese Phänomene finden anteilig im Leidensdruck ihren Niederschlag: "Mein Problem muß schon sehr schwer sein, wenn ich jetzt damit zur Fürsorgerin gehe"; "Ich muß meine Schwierigkeiten ein wenig übertreiben, sonst bin ich für den Sozialarbeiter nur ein kleiner Fisch"; "Mir ist egal, was in den Gesprächen mit dem Sozialarbeiter passiert, die Hauptsache ist, ich bin für ein paar Stunden nicht zuhause" könnten Verbalisierungen für die Darstellung von "Leidensdruck" sein. Maß für die Erstellung der Prognose ist u. E. die sich zeigende Bereitschaft des Klienten zur Mitarbeit, doch ist auch hier der Unterschied zwischen Drinnen und Draußen, zwischen Vorhaben und Ausführen, und die Einstellung der Umgebung gegenüber den Schwierigkeiten des Klienten zu beachten.

Es ist für den einzelnen Sozialarbeiter und für den Klienten ehrlicher und förderlicher, entsprechend den Gegebenheiten eine eher zurückhaltende Einschätzung der Chancen abzugeben, die eine Beziehung Klient - Sozialarbeiter jeweils beinhaltet, als auf vagen Hoffnungen eine Beziehung zu gründen, die bei den zur Verfügung stehenden Mitteln für den Klienten keinen besonderen Nutzen verspricht. Verbunden damit ist die Beratung des Klienten, seiner unmittelbaren Umwelt oder anderer Einrichtungen (z.B. Jugendämter) über angemessene, im Vergleich mit der Sozialarbeit mehr Erfolg versprechende Maßnahmen, z.B. solche medizinischer Art.

Der Sozialarbeiter sollte deshalb die einschlägigen Adressen kennen.

5.5. Kriterien der Erfolgskontrolle festlegen

Wir haben wiederholt den Begriff "Erfolg" gebraucht, ohne zu benennen, was wir darunter innerhalb der Sozialarbeit verstehen.

Ähnlich wie bei den Zielen wirkt sich die relative Unbestimmtheit des Arbeitsauftrages der Sozialarbeit dahingehend aus, daß verschiedene Bereiche unterschiedliche Vorstellungen von dem, was als Erfolg zu bezeichnen ist, hegen.

Der Erfolg mag für den Klienten darin bestehen, daß seine Frau die Scheidungsklage zurücknimmt; der Erfolg des Sozialarbeiters kann das Bewußtsein sein, nicht nur Anpassungshilfe zu leisten, sondern die Klienten zu eigenständigem Verhalten zu befähigen; der Erfolg des Trägers oder Auftraggebers kann in der Höhe staatlicher Zuschüsse oder in der Bedeutung des Ressorts in der Gesamtverwaltung aufgrund einer hohen Zahl von "Durchgängen" oder fachlich qualifizierter Veröffentlichungen bestehen; der Erfolg kann für den Politiker durch einen Anstieg seines Bekanntheitsgrades definiert sein, weil er es war, der maßgeblich daran beteiligt war, daß ... usw.

Andererseits scheint jeder Mensch Erfolg auf verschiedenen subjektiven und intersubjektiven Ebenen nötig zu haben, weil davon Anerkennung durch die anderen und davon das Selbstwertgefühl ihren Ausgang nehmen. Erfolg als das Ergebnis einer geglückten Auseinandersetzung mit einem subjektiven "Gütemaßstab" (HECKHAUSEN), baut auf objektiven Daten auf, die jedoch ihre Bedeutung erst durch die Interpretation durch das Individuum erhalten. Diese Tatsache bewirkt, daß Lob für eine Leistung dann als überschwenglich und unecht erlebt wird, wenn diese Leistung, mag sie für den Lobenden noch so gut gewesen sein, dem Gelobten keinen Erfolg bedeutet. Den Klienten treffend zu loben, bedarf besonderer Aufmerksamkeit des Sozialarbeiters. Lob sollte sich nicht in allgemeinen Floskeln erschöpfen, sondern die gelobte Leistung benennen und ihre Bedeutung für den Lobenden ausdrücken.

"Erfolg haben" ist auch für den Sozialarbeiter von zentraler Bedeutung. Daraus entsteht die Gefahr, daß der Sozialarbeiter seine beruflichen Beziehungen dazu benützt, dieses Bedürfnis nach Erfolg zu befriedigen. Klienten werden dann dazu benützt, Ziele zu erreichen, die dem Sozialarbeiter selbst wichtig sind (z.B. einen besonderen Bildungsstand oder ein besonders ablehnend-kritisches Verhalten gegenüber Autoritäten durchzusetzen).

Optimal ist es deshalb, wenn Klient und Sozialarbeiter zusammen nach etwa fünf bis sieben Kontakten das Lernziel des Klienten in einer bestimmten Zeit festlegen und dazu noch einzelne Schritte (Teilziele) besprechen. In diesem Fall tritt der Erfolg der Intervention des Sozialarbeiters ein, wenn das Ziel erreicht ist, das sich beide gesteckt haben und das verhältnismäßig genau in Verhaltensbegriffen umschrieben sein soll.

Die Erfolgskontrolle, wir haben bei den Zielen bereits darauf hingewiesen, soll sowohl die kognitive, die subjektiv-emotionale als auch die motorische Dimension des Verhaltens umfassen. Es steht dabei außer Zweifel, daß ein Erfolg nur dann eingetreten ist, wenn die angestrebte Verhaltensänderung in der natürlichen Umgebung des Klienten über längere Zeit hin aufrecht erhalten bleibt. Läßt es sich machen, empfiehlt es sich deshalb, auch Aussagen anderer Personen aus der Umwelt des Klienten heranzuziehen, um Informationen über das Eintreten oder Nichteintreten des angestrebten Verhaltens zu erhalten.

Nicht immer - meist nie - hat es der Sozialarbeiter mit derart optimalen Verhältnissen zu tun, statt eines übergeordneten Endzieles kann er meist nur kleine Teilschritte mehr zufällig als systematisch bearbeiten, er geht mit dem Klienten mal diese mal jene Schwierigkeit an, einmal die allgemeine Einstellung zum Leben, ein andermal die Unfähigkeit, dem Partner gegenüber Widerstand zu leisten, oder die Unsicherheit vor einem Gang zum Sozialamt.

Trotzdem ist es wichtig, Kriterien für die Kontrolle des Erfolges festzulegen. Diese Kriterien sollen auf die Bereiche

- Klient / seine Umgebung
- Sozialarbeiter selbst
- Kollegen und Mitarbeiter des Sozialarbeiters
- Arbeitgeber / Träger
- Öffentlichkeit (Gesellschaft)

bezogen sein. Je nach diesem Bezug werden die Kriterien unterschiedlich ausfallen:

Klient: Die Kriterien des Erfolges sollten gemeinsam mit dem Sozialarbeiter festgelegt werden. Dabei sind besonders die Einflüsse der Umgebung des Klienten zu berücksichtigen, die verhindern können, daß der in der Beratung erzielte Erfolg auf das Draußen, den Alltag, übertragen werden können. Zwar ist eine erfolgreiche Entwicklung, die sich zunächst nur in der Beziehung Klient - Sozialarbeiter als einigermaßen stabil erweist, nicht sinnlos, denn das neu gelernte ist Teil des gesamten Verhaltens des Klienten geworden, und er wird es zeigen, wenn sich dazu Gelegenheit bietet. Allerdings wird für den Augenblick in der auf den Alltag zugeschnittenen Beratung weder für Klient noch Sozialarbeiter kein verwertbarer Erfolg sichtbar. Wie weit oft der Weg vom Vorsatz zur Tat ist, ist hinlänglich bekannt (s. auch Überlegungen zur "Reichweite" S. 30).

Sozialarbeiter: Je nach der Wichtigkeit des beruflichen Erfolges für den Sozialarbeiter ist es nötig, diesen Erfolg jeweils personal zu definieren: Erfolg als beruflicher Aufstieg, als Ansehen bei den Kollegen, das sich in der häufigen Bitte um Ratschläge äußert, oder bei Klienten, die öfters Blumen o.ä. mitbringen; das Gefühl, über die Klienten Macht zu haben, Einfluß auf sie auszuüben; Erfolg als das Gefühl, sich für die anderen aufzuopfern usw. Wichtig ist diese Definition, weil sie dem Sozialarbeiter Hinweise auf die Motive seines Handelns gibt, die ihrerseits dieses Handeln bestimmend beeinflussen.

Kollegen: Erfolg ist hier oft unter dem Aspekt der Konkurrenz zu sehen. Erfolg ist alles, was ihnen, den Kollegen, beweist, daß ich besser arbeite als sie. Zu mir kommen anteilmäßig mehr Klienten, sie warten während meines Urlaubs auf mich und gehen nicht zur Vertretung, erzählen anderen von meinen Qualitäten usw.

Arbeitgeber/Träger:

Angaben über den Erfolg der sozialen Arbeit haben hier die Aufgabe, den zweckdienlichen Einsatz meist öffentlicher Mittel nachzuweisen. Anders als bei den vorgenannten Bereichen sind hier Kriterien des Messens und Zählens vorrangig: Zahl der bearbeiteten "Fälle", Verweildauer pro Insasse, Zahl der Teilnehmer an den eingeleiteten Maßnahmen, durchschnittliche Gewichtszunahme, Unterschiede der Werte trainierter Kinder gegenüber untrainierten, Höhe der Rückfallquote usw. Unter Umständen spielen noch Schätzungen eine Rolle, z.B. wieviele Heimkosten wegen der Anstellung eines kommunalen Jugendpflegers nicht entstehen.

Diese Kriterien brauchen fachlich nicht aussagekräftig zu sein, für die gestellte Aufgabe, deren Ergebnisse meist Laien mitgeteilt werden, genügen sie nach Ansicht von Arbeitgebern bzw. Trägern vollauf. In diesem Bereich kann auch mit öffentlich gebräuchlichen Schlagworten und Leerformeln wie "Emanzipation", "mündiger Bürger", "Verbesserung der Lebensqualität" gearbeitet werden.

Öffentlichkeit: Der Erfolg, den die Sozialarbeit in den Augen der Öffentlichkeit nachweisen kann, liegt in dem Auftrag, den die Gesellschaft der Sozialarbeit erteilt hat und der eng mit dem Bild des "Ideal-wir" dieser Gesellschaft verbunden ist. Derzeit scheint die Hauptrichtung dieses Auftrages wieder stärker die Lösung sozialer Probleme durch materielle Leistungen zu betonen, eine Tendenz, die sehr stark von wirtschaftlichen Gegebenheiten gesteuert wird. Dies wird z.B. durch die Bezeichnung von Bürgern mit geringerem Einkommen als "sozialschwach" deutlich, wobei im Kontext deutlich wird, daß wirtschaftliche Schwäche, d.h. geringeres Einkommen gemeint ist. Gerade die Sprache der institutionalisierten öffentlichen Meinung gibt immer wieder Hinweise über die Entwicklungsrichtung einer Gesellschaft.

Zumindest unter berufspolitischen Gesichtspunkten sollte der Sozialarbeiter in der Lage sein, gegenüber anderen Gruppierungen Erfolg in angebrachten Kriterien darstellen zu können.

An dieser Stelle sei nochmals das Problem der Nachkontrolle angesprochen: Verfestigtes Verhalten wird in einem oft langwierigen Prozeß unter meist ungünstigen Umständen in eine bestimmte Richtung verändert. Erst eine Kontrolle geraume Zeit nach Abschluß der Beziehung kann darüber Auskunft geben, ob sich dieses Verhalten stabilisiert hat oder ob es aus irgendwelchen Gründen zugunsten eines älteren Verhaltens wieder aufgegeben worden ist. Als Beispiel sei hier der positive Zusammenhang zwischen Rückfallquote und zeitlicher Entfernung der Nachkontrolle von der Beendigung der Intervention bei Alkoholikern angeführt.

Zusammenfassung

Methodisches Handeln erfolgt nach einem Behandlungsplan, der die Inhalte, die Formen, die Beteiligten und die Ziele des Handelns umfaßt. Diese Ziele werden zusammen mit dem Klienten erarbeitet. Dabei ist besonderes Augenmerk auf die Einflüsse der Umwelt zu richten, durch die die Reichweite der Intervention des Sozialarbeiters bedeutend beeinflußt werden kann.

Der Behandlungsplan baut auf Daten der psycho-sozialen Diagnose auf, die aus mehreren Quellen bezogen werden und deren Erfassung und Verarbeitung im Behandlungsplan nahezu während des gesamten Hilfeprozesses andauert.

Die im Behandlungsplan angesprochenen Ziele der Zusammenarbeit von Klient und Sozialarbeiter lassen sich nicht immer erreichen. Viele Gründe, unter anderem Konflikte der Ziele der beteiligten Parteien spielen dabei eine Rolle und beeinträchtigen dadurch den Erfolg der sozialen Arbeit, der durch verschiedene Kriterien aus unterschiedlichen Bereichen definiert wird.

Literaturhinweise:

1. Antons, K.: Praxis der Gruppendynamik, Göttingen 1973

2. Brenner, Ch.: Grundzüge der Psychoanalyse, Frankfurt am Main, 1967

3. Blöschl, L.: Grundlagen und Methoden der Verhaltenstherapie, Bern - Stuttgart - Wien, 1972

4. Lowy, L.: Zielformulierung in der sozialen Arbeit mit Gruppen <u>in</u>: Bernstein/Lowy, Neue Untersuchungen zur sozialen Gruppenarbeit, Freiburg, 1975

5. Vinter, R. D.: Beiträge zur Praxis der sozialen Gruppenarbeit, Freiburg, 1971

Begriffserklärungen

Instanzenmodell
Freud entwickelte aufgrund seiner Forschungen ein Modell des psychischen Apparates mit den drei Instanzen (heute würde man sagen: Funktionskomplexen)
Überich (Ich-Ideal, Kontrolle und Gewissen)

Ich, den nach dem Realitätsprinzip handelnden Anpassungsfunktionen

Es, den Triebregungen und Körperbedürfnissen, die nach dem Lustprinzip Befriedigung suchen.

Alle drei Instanzen reichen ins Unbewußte.

Interpretation
Auslegung, Deutung, Erklärung

intersubjektiv
zwischenmenschlich

Phänomen
Erscheinung, Vorgang

Pilotproblem
"Einführungsproblem", mit dem der Klient sozusagen den Schuh in die Türe stellt, sich einführt und die Beziehung erproben möchte.

Psychoanalyse
ist die Therapieform der Tiefenpsychologie. Durch zunehmende Bearbeitung unbewußter seelischer Konflikte sollen die psychodynamischen Ursachen für neurotische Symptome abgebaut werden. Die Symptome werden dann überflüssig und verlieren sich.

Transfer	Übertragung hier: Übertragung eines Lernerfolges aus einer Situation (Klient-Sozialarbeiter) in eine andere (Klient-Ehemann).
Verhaltenstherapie	Zur Verhaltenstherapie gehören eine Vielzahl von Methoden, die aus den "Lerngesetzen" des Behaviorismus abgeleitet werden. Verhaltenstherapie fragt demnach nicht nach unbewußten seelischen Konflikten, sondern arbeitet an dem unerwünschten Verhalten.

Stichwortverzeichnis

Die Schriftenreihe
FHS-Skript Sozialarbeit / Sozialpädagogik
Reihe: Recht
umfaßt folgende Titel:

Einführungsheft

Funktion des Rechts in Sozialarbeit / Sozialpädagogik — erschienen

Reihe A (Zivilrecht)

1. Rechtsgeschäfte und Haftung Minderjähriger Aufsichtspflichtverletzung — in 2. Auflage erschienen
2. Recht der ehelichen Lebensgemeinschaft mit Güter-, Unterhalts- und Scheidungsrecht — erschienen
3. Rechtsstellung von ehelichen und nichtehelichen Kindern, Vormundschaft, Pflegschaft, Adoption — Herbst 1978

Reihe B (Verwaltungsrecht)

1. Sozialhilferecht — erschienen
2. Rechtsgrundlagen der sozialen Sicherung — erschienen
3. Jugendhilferecht I (JWG) — in 2. Auflage erschienen
4. Jugendhilferecht II (Jugendschutz und Jugendstrafrecht) — erschienen

Reihe C (Strafrecht)

1. Strafrecht und Strafprozeßrecht — erschienen